Im Mittelpunkt unseres Buches über den Brakeler Annentag steht eine Reportage. Mit Bildern und Texten berichten wir, wie das ostwestfälische Städtchen Brakel am ersten Wochenende des Monats August im Jahre 1991 seinen Annentag gefeiert hat.

Nun kann man natürlich die Frage stellen, woher der Herausgeber – ein Türklinkenhersteller – überhaupt die Legitimation nimmt, ein typisches deutsches Volksfest mit Bildern und Texten zu beschreiben.

Ich möchte diese rhetorische Frage mit den Worten unseres Mentors und Freundes Otl Aicher beantworten, der unsere Vorplanung im Frühjahr '91 wie folgt kommentierte: „Ein bißchen weit weg von unserem Nachdenken über Türklinken ist dieses Thema schon. Man muß sich das aber einfach einmal leisten. Schließlich werden eure Klinken von Menschen produziert, die in Brakel leben."

Leider erlebte unser Förderer die Verwirklichung des Projektes nicht mehr. Es ist das erste Buch, das wir ohne seine Hilfe erarbeitet haben. Aus diesem Grunde möchten wir ihm das Ergebnis unserer Arbeit widmen.

Die Vorarbeiten für das Annentagsbuch sind schnell geschildert:

Herr Dr. Engemann stellte uns seine historischen Recherchen über Ursprung und Entwicklung des Annentags zur Verfügung. Seine historische Aufarbeitung steht als Annen-Alphabet in der Buchmitte.

Die Fotografen Rudi Meisel, Timm Rautert und Michael Wolf schossen vom 1. bis 6. August '91 mehr als 8000 Fotos. Augenzeugen berichteten mir, daß das massiv-professionelle Auftreten der drei Fotografen während der heiligen Tage Brakels die Festtagsstimmung keineswegs beeinträchtigt, sondern durchaus gehoben habe.

Das Ergebnis ihres Fleißes und ihres Könnens – die fotografische Analyse des Annentags – ist so real wie der Druck auf den Auslöser, trotzdem – oder gerade deshalb – in den Augen unserer Mitbewohner aber möglicherweise so irreal wie unsere eigene Vorstellung vom Ablauf des Geschehens.

Der Aachener Journalist Bernd Müllender war während des Annentags überall und nirgendwo. Seine liebevoll-kritischen Skizzen zeigen nicht bloß Brakel, sondern darüber hinaus ein typisches deutsches Volksfest. Wir können stolz darauf sein, daß er dem Ort seiner Handlung den Namen Brakel gegeben hat, womit jedoch nicht geleugnet werden soll, daß Müllender seine Ideen auf den Brakeler Straßen und Gassen, in den Brakeler Gasthäusern und Festzelten, auf und in dem Brakeler Kirmesgerät, in der Prozession und am Biertresen suchte und fand.

Was aber wäre die Geschichte des Brakeler Annentags ohne „Das Mädchen von Brakel". Welche deutsche Gemeinde kann sich schon rühmen, daß eine waschechte Mitbürgerin Eingang in die Märchensammlung der Brüder Grimm gefunden hat, und zwar als Nummer 139 („Dat Mäken von Brakel").

Die Geschichte ist kurz und knapp: Die Mutter Anna soll dafür sorgen, daß die junge Brakelerin den richtigen Mann bekommt. Das auf dem Arm der Mutter Anna sitzende Marienkind plappert abweisend dazwischen. Das bodenständige Brakeler Mädchen ruft das Kind zur Ordnung. – Dr. Eugen Drewermann, der bekannte Paderborner Priester, Psychotherapeut und Dozent, hat es übernommen, uns aufzuzeigen, welch tiefenpsychologische Bedeutung dieser kurze Disput hat. Hiervon können wir uns dann mit unserem *Hauspoeten* Peter Maiwald erholen, der vier herrliche Kindergedichte beisteuerte.

Außer den bereits genannten Personen wären noch viele Helfer zu nennen, die während des Annentags die Fotografen und den Chronisten betreuten, führten und beschützten. Nicht daß wir Brakeler fremdenfeindlich wären; aber wer läßt sich schon gerne durch Linsen und gespitzte Bleistifte in seiner Feststimmung stören.

Unsere kleine Stadt – nicht einmal Kreisstadt – wird nach wie vor vom Kirchturm beherrscht. In seinem Schatten werden wir ein- und ausgeschult, feiern wir die kleinen und großen Ereignisse des Lebens, marschieren wir alljährlich zum Schützenfest auf, organisieren uns in Sportvereinen und versuchen, an den unzähligen Stammtischen die Welt zu verbessern.

Nur einmal im Jahr brechen wir aus dieser ländlichen Idylle aus, verwandeln unser mittelalterliches Stadtbild in einen Jahrmarkt, laden dann die befreundeten Stämme des Nethegaus nach Brakel ein, verzehnfachen für drei Tage unsere Bevölkerung und feiern gemeinsam den Annentag, und dies seit dem frühen Mittelalter.

Dieses Buch soll das Selbstbewußtsein unseres Gemeinwesens heben und etwas Bewegung in die Provinz bringen. Wie man das macht, hat uns „Das Mädchen von Brakel" gezeigt: Man muß sich ein Ziel setzen, die Dinge selbst in die Hand nehmen und selbstbewußt den Widerstand beiseite schieben.

In diesem Sinne soll dieses Buch auch ein Zeichen setzen, nicht nur für Brakel.

Jürgen W. Braun

Annentag in Brakel
Ein deutsches Volksfest

Fotos:
Rudi Meisel
Timm Rautert
Michael Wolf

Reportage:
Bernd Müllender

Weitere Beiträge:
Eugen Drewermann
Herbert Engemann
Peter Maiwald

Herausgeber:
FSB – Franz Schneider Brakel
3492 Brakel, Postfach 1440
Telefon: 05272/608-0
Telex: 931748
Telefax: 05272/608300

Idee und Realisation: Jürgen W. Braun
Fotos: Rudi Meisel, Timm Rautert,
Michael Wolf
Texte: Dr. Eugen Drewermann,
Dr. Herbert Engemann, Peter Maiwald,
Bernd Müllender
Gestaltung: Sepp Landsbek, Rotis

© 1992 FSB
Franz Schneider Brakel

Verlag der Buchhandlung
Walther König, Köln
Gesamtherstellung
Druckhaus Maack, Lüdenscheid
Printed in Germany
ISBN 3-88375-157-X

Inhalt

Zu diesem Buch
(Jürgen W. Braun, Seite 2)

Soll und Haben
(Bernd Müllender, Seite 6)

Wandlung weltlich
(Bernd Müllender, Seite 10)

Wandlung kirchlich
(Bernd Müllender, Seite 14)

Stattliche Erscheinungen
(Bernd Müllender, Seite 16)

Wellenflugs Aufbau
(Bernd Müllender, Seite 17)

Stille Stunde
(Bernd Müllender, Seite 18)

Dat Mäken von Brakel
(Dr. Eugen Drewermann, Seite 20)

Anschlag mit Böllerschuß
(Bernd Müllender, Seite 24)

Kinderkirmes
(Peter Maiwald, Seite 28)

Schlafendes Bier, kuschelnde Currywürste, dösende Hunde
(Bernd Müllender, Seite 36)

Die Prozession – noch ein Wandel
(Bernd Müllender, Seite 38)

Die Geschichte des Annentags
und der Annenverehrung in Brakel
(Dr. Herbert Engemann, Seite 40)

fsb-Test des tabu
(Bernd Müllender, Seite 54)

Rasselnde Nostalgie
(Bernd Müllender, Seite 61)

Der Bier-Baronn und andere Brakeler
Porträts
(Bernd Müllender, Seite 62)

Zwölf Hühner finden eine Glucke
(Bernd Müllender, Seite 66)

Brakels Top 100
(Bernd Müllender, Seite 68)

Der große Durst
(Bernd Müllender, Seite 71)

Paarungen
(Bernd Müllender, Seite 78)

Annentagsbasen
(Bernd Müllender, Seite 80)

Individuum + Individuum = Gruppe
(Bernd Müllender, Seite 91)

Schaustellerleben
(Bernd Müllender, Seite 94)

Kehrseite
(Bernd Müllender, Seite 96)

Danksagung
(tabu, Seite 100)

Materialien zum Annentag
(Seite 101)

Bibliographie
(Seite 103)

Soll und Haben

In der letzten großen Brockhaus-Enzyklopädie (Ausgabe 1987) finden sich in Band 3, Bed–Brn, elf Zeilen, die „Brakel, Stadt im Kr. Höxter, NRW..." gewidmet sind. Vom Weserbergland ist die Rede, von einer ursprünglich romanischen Pfarrkirche, von der Justizausbildungsstelle des Landes, von der Klosterkirche (erbaut 1718) von Johann Conrad Schlaun und den Paderborner Bischöfen. Das ist einiges, aber längst nicht alles.

Denn Brakel hat einiges mehr zu bieten. Einmaliges sogar: 1 Kurpark, 1 Polizeistation, 1 Trimmpfad, 1 Flüßchen (namens Nethe), 1 Bach (namens Brucht), 1 Minigolfanlage (18 Bahnen), 1 Heimatmuseum (1tägig geöffnet), 1 Bahnhof (mit regelmäßigem Eilzughalt), 1 Postleitzahl (4stellig), 1 Namensnennung an 1 Autobahnausfahrt (in 2 Richtungen), 1 Partnerstadt (Wetteren/Belgien), 1 Patenstadt (Zirkow/Rügen), 1 Kapuzinerkirche (Volksmund: Cappuccino-Kirche), 1 Fußballverbandsligisten mit 1 Exprofi, 1 Bank (Volks-), in 1 gotischem Rathaus 1 heutigen Stadtdirektor und jetzt: 1 Annentagsbuch.

Und Brakel hat noch mehr: 2 Sparkassen, 3 Gaststätten mit Tanz, 3- bis 5stellige Telefonnummern, 4 Apotheken, 5 Kegelbahnen, 7 Arztpraxen für Allgemeinmedizin, 8 Hotels/Pensionen mit eigenem Hausprospekt, 10 Ampelanlagen, 12 eingemeindete Ortsteile, stolze 52 Theken (am Annentag), 92,73 Prozent Grünflächen (an Äckern, Wiesen, Wäldern und Erholungsflächen) und zuletzt 621 Grün-Wähler und -Wählerinnen. Brakel hat – Stand Januar 1992 – genau 17 342 Einwohner (1991 waren es nur 17 084. Damit wird Brakel – bei kontinuierlichem Trend – im Jahre 5801 Millionenstadt) und hatte zuletzt (Schätzung

15. Juli 1992) 169 311 funktionstüchtige Türklinken in privaten Haushalten und öffentlichen Einrichtungen.

Brakel ist: staatlich anerkannter Luftkurort, zwischen 140 und 360 Meter hoch inmitten reichlich Natur gelegen und – wie ein historisches Siegel belegt – seit 1229 eine echte Stadt. Diese ist heute geographischer Mittelpunkt des Kreises Höxter mit 173,64 Quadratkilometern Fläche (damit immerhin 0,004877 Promille von Gesamt-Deutschland). Brakel ist ausgesprochen multikulturell mit 971 ausländischen Mitbürgern aus 41 Ländern. Brakels beachtliche Maße sind: 9° 8' Ost und 51° 44' Nord. Damit liegt die Nethestadt auf einer Länge mit Stuttgart, Mailand, Cagliari und Libreville, auf exakt gleicher Höhe wie Oxford, Lodz, Irkutsk und sogar des Paderborner Doms. Brakel ist nördlicher gelegen als

das olympische Calgary, als Wladiwostok und – sogar deutlich – als der Ort, an dem die Titanic die Eismassen rammte und sank. Brakel liegt südlicher als Bad Driburg und den neuseeländischen Chatham-Inseln fast genau gegenüber.

Brakel ist also sehr zentral gelegen. In alle Himmelsrichtungen, denn nach Amsterdam, Berlin, Kiel und Nürnberg ist es fast auf den Kilometer gleich nah. Kein Wunder, daß ein solcher Ort einmal Hansestadt war. Aus heutiger Konsumentensicht, etwa der des Biertrinkers, ist dies besonders erfreulich. Denn es ist von Brakel exakt gleich weit: zum Original-Budweiser, in die Zentren bayrischer Weißbierkunst, zur Kopenhagener Tuborg-Brauerei und an den Sudkessel der belgischen Trappistenmönche.

Und das hopfige Gebräu spielt in Brakels Haben und Sein eine ganz wichtige Rolle, besonders am ersten Augustwochenende eines jeden Jahres. Denn wenn Brakel seine Annentage hat, ist die Hölle los. Von wegen beschaulich und ruhig. Ganz im Gegenteil: Zum Annenfeste ist ganz Brakel ganz feste im Rausch.

Außerhalb des Stadtkerns dominiert die Natur. Schon vor zehn Jahren, somit weit dem Trend voraus, priesen städtische Werber das „schonende Bioklima" in Brakel und um Brakel herum. Beidseitig vom Nethestrand finden sich „Fachwerkgiebel zwischen Hügeln grün und weit" (aktuelle Fremdenverkehrsamts-Prosa) „...im Dreiklang von Wiesen, Feldern und Wäldern" (aktuelle Fremdenverkehrsamts-Lyrik). Einheimische wie Besucher (1990: 22 814 mit 115 435 Übernachtungen) entdecken „... das Dunkel rauschender Tannen, leuchtende Rapsfelder, saftige Wiesen, plätscherndes Gewässer und eine saubere, kräftigende Luft in leichtem, gesundem Reizklima der Mittelgebirge..." (aktuelle Fremdenverkehrsamts-Poesie).

Und heute noch rauscht manchmal reizend ein kräftiger Kanut plätschernd gesund durch Brakels saftige Biosphäre am grünen und weiten Dreiklang dahin... (Nachdichtung des Autors).

Wandlung weltlich

Das erste August-Wochenende ist für die verschlafene ostwestfälische Provinzstadt Brakel in jedem Jahr eine Zäsur. Städtische Angestellte verlassen ihr Aktenordneridyll und werden zu Marktmeistern. Alltagsroutine in der Amtsstube weicht strategischen Planspielen. Letzte Gefechte um die günstigsten Standorte der rund 200 Schausteller werden geführt. Bei den säumigen Jahrmarktbeschickern wird die Standgebühr abkassiert. 500 Monteurstunden sind abgeleistet, um 70 mobile Stromkästen aufzubauen und dabei etliche Kilometer Kabel zu verlegen.

"Junge Männer zum Mitreisen gesucht" bevölkern jetzt die Stadt. Sie beginnen, der provinzeigenen Beschaulichkeit die große weite Welt der Illusionen überzustülpen. Cowboys kommen, auch Schneemänner im Hochsommer, Autoskooter, Plüschtiere, Geisterbahnen und andere ortsfremde Geräte. Straßen wandeln sich vordergründig in Ruhezonen, damit sich der Trubel ohne automobile Störung voll entfalten kann. Und in den Kneipen werden die Zapfanlagen auf sauerstoffarmen Schnelldurchlauf eingestellt. Brakel im Wandel – in den Tagen vor Ausbruch der lauten und leisen Feierlichkeiten zu Ehren der heiligen Anna. "Und das alles wegen Jesus seine Oma", murmelt ein Mitarbeiter der Stadt.

So mancher nimmt noch in Ruhe ein Bier und sieht sich um: Noch ist die Stadt nicht völlig verkleidet. Während der Annentage, wenn viermal so viele Besucher kommen wie die Stadt Einwohner hat, dann, sagen die Brakeler, sehen sie in Brakel keine Brakeler mehr.

Im Jahr 1991 ist die Zahl der Fremden noch höher als sonst. Brakel feiert unter den kritischen Augen und Ohren der mit bürgermeisterlicher Genehmigung eingeschleusten Annentagsbuch-Mannschaft.

In der Chronik der Festivitäten 1991 ist
als erster Eintrag vermerkt:

*Mittwoch, 31. Juli 1991, 15 Uhr 03 MEATZ
(Mitteleuropäische Annentagszeit):*

*Fotograf Timm Rautert betritt als erster
des Chronisten-Quartetts das Brakeler
Hotel Stein. Inhaber Willi Stein, ein stol-
zer Oberfeldwebel a. D., fragt Rautert
noch vor Aushändigung des Zimmer-
schlüssels, ob er denn auch gedient
habe. Der verdutzte Fotograf muß ver-
neinen, bekommt das Zimmer dennoch.
Damit nehmen die Dinge um die vier
Beobachter ihren ertragreichen Lauf.*

Wandlung kirchlich

Frischer Wind in der städtischen Katholikenszene: Mit Wilhelm Koch, 41 Jahre jung, hat in der Pfarrkirche St. Michael im Juli 91 ein neuer Hirte seine Amtsgeschäfte aufgenommen. Der Mann, laut Volksmund äußerlich eine Art „Thanner" (Kompagnon von Schimanski), ist nicht nur Geistlicher, sondern zeigt sich auch irdischen Genüssen gegenüber sehr aufgeschlossen. Vorbei die verstaubten Zeiten, als noch vor wenigen Jahren von den heimischen Kanzeln wider die Emanzipation bei Brakels Frauen gepredigt wurde und Kirche wie Küche als Bestimmungsort weiblichen Daseins gepriesen wurden. Zusammen mit den beiden blutjungen, ebenfalls neuen Vikaren sind bei Kirchenchef Koch Moderne, Weltlichkeit und Offenheit angesagt. Erst wenige Wochen im Amt, und dann gleich nach dem Einstand die Feuertaufe: Kochs erster Annentag, seine erste Prozession.

„Der liebe Gott freut sich, wenn wir fröhlich sind", gibt Koch sein Eigendogma der Lebenslust vor.

Und fröhlich, sehr sogar, waren sie im Dutzendzirkel des Kirchenvorstandes bei der ersten Sitzung am Donnerstag vor Annentag. Zwar ging es auch um die Organisation der bevorstehenden Prozession und auch nach dem erfolgreich durchgeführten Umbau des Küsterhauses um die notwendige Renovierung

des Pfarrhauses und aus demokratisch-
paritätischen Erwägungen auch um die
Vervollkommnung der Vikarsbleibe.
Aber – Tagesordnung, Punkt 5: „ . . . Es
wird ein kleiner Imbiß gereicht" – auch
die alkoholischen Aufgaben wollten
bewältigt werden. Wilfried Gawandtka,
der städtische Fremdenverkehrsamts-
chef, sagt trocken über des neuen Prie-
sters Feuchtfröhlichkeit: „Der Koch, der
spuckt nicht rein, der nimmt."

Und siehe, sie nahmen alle: Denn
auch ein Priester kann sich den Anforde-
rungen der modernen Gesellschaft nicht
entziehen, und so waren am Ende der
Sitzung rund zehn Flaschen roten Reben-
saftes geleert, dazu etliches Flaschen-
bier. Und als die Kirchenoberen derart
mit Benimm benommen waren, kamen
kecke religiöse Witze zur Sprache, und
im gemeinsamen Lachen offenbarten
sich alsbald zukunftsweisender Zusam-
menhalt und breite Meinungskongruenz.
Später machten gar Beichtstuhlinterna
die Runde (ohne Namensnennung selbstverständlich – Datenschutz), und Koch
erzählte von seiner Vikarzeit in Paderborn, wie da sein Beichtvater einmal ein-
geschlafen sei; besonders erschütternde
Sünden hatte er wohl nicht zu gestehen
gehabt.

Der Neue sagt über sich selbst: „Jeder
Koch hat seine eigenen Rezepte." Möge
den Brakelern schmecken, was Koch
ihnen künftig auftischt und was er noch
so alles anrichten wird.

Stattliche Erscheinungen

Sie reden laut, fahren meist den Stern aus der S-Klasse, erzählen gern derbe Witze und tragen Siegelringe, Goldkettchen, Schnäuz und die Hemden weit offen. Schausteller sind glänzende Erscheinungen. Am Abend vor dem Jahrmarktstart werden sie von den städtischen Veranstaltern in der Gastwirtschaft Tegetmeier traditionell ins bevorstehende Geschehen eingewiesen und angewiesen, was zu tun, was zu lassen ist.

Stadtdirektor Friedhelm Spieker (oben stehend), ebenfalls ein Annentagsneuling, erst kürzlich vom Paderborner Ordnungsamt zur Bewährung an die Front in der Provinz geholt, predigt über die ökologische Seite der Annensfeierlichkeiten: Er empfiehlt „deponiefreundliches Geschirr" statt Plastikramsch, verbietet den Verkauf von Dosengetränken und mahnt, „Öle und Fette aus Bratvorgängen im Sammelcontainer zu entsorgen".

Die Schaustellerschaft gibt sich grundsätzlich willig, nur einzelne murren dazwischen – dann müßten aber auch die Brakeler Bäckereien und Imbißbuden in der Dosenfrage an die Kandare genommen werden: „Wir werden hier gebeutelt", sagt einer zu heftig aufbrandendem Beifall, „da sollten doch die Einheimischen mit gutem Beispiel vorangehen."

Spieker kontert branchenorientiert: „Denken Sie in der Müllproblematik nach vorne. Machen Sie ein Schild: Hier wird umweltbewußt verkauft!" Dieser raffinierte Werbeschachzug verspricht Klimpern im Geldbeutel und beeindruckt die Zuhörerschaft sehr. Und Spieker triumphiert endgültig mit rhetorikgewandtem Stimmenklang, als preise er gerade ein neues Fahrgeschäft sensationeller Art an: „Schauen Sie nachher in Ihr Portemonnaie, und Sie werden sehen, was Sie an Brakel hatten..." Beifall und verständiges Nicken, ja und jawohl, jawoll, das ist es, und noch eine Runde wird bestellt – „Aber bringse dem Mann da vorne auch eins mit..."

Die vier Trubeltage verlaufen dann auf individuelle Weise. Die Müllcontainer sind übergequollen, Büchsen liegen reichlich herum, und vier Imbißbetriebe werden erwischt, weil sie keine schützenden Teppiche ausgelegt hatten und mit reichlich Fett Brakels Pflaster ärgerlich verschmierten. Aber was soll's, Kirmes ist schließlich keine Öko-Party.

Auch andersartige Schmierversuche gäbe es immer wieder, erzählt Marktleiter Wilfried Gawandtka (oben sitzend), besonders wenn es um die begehrtesten, weil umsatzträchtigsten Standplätze ginge. Präsentkartons oder Kaffeemaschinen würden da städtischen Bediensteten überreicht, und einmal wäre gar ein Schausteller dahergekommen mit dem Satz: „Hier haste meinen Wohnwagen für 'ne Woche, inklusive meiner Frau dadrin."

Aber bitte, um Mißverständnissen vorzubeugen, all dies geschah nicht in Brakel. Von solcherlei Bestechungsversuchen hat Gawandtka nur von Kollegen aus anderen Städten der Provinz gehört, wenn wir seine Worte, Gesten und Blicke richtig interpretiert haben.

Wellenflugs Aufbau

An prominentester Stelle, praktisch in Brakels schönster Stube, zwischen gotischem Rathaus und postmodernem Gyrosbrunnen (übrigens Scheibchen für Scheibchen gestiftet von Eingeborenen und Eingereisten), wächst ein Kettenkarussell empor. Tonnenschwer ist das Gestänge, kompliziert zu verschrauben und zu verschachteln all das metallene Innenleben und groggy hinterher die Crew der Monteure. Eine Million Deutschmark, sagt Besitzer Bernie Lemoine aus Lippstadt, würde so ein Wellenflug heute neu kosten – er hat sein 43 Jahre altes Schätzchen vor sechs Jahren günstig bekommen, für wieviel, sagt er nicht, das sei Betriebsgeheimnis. Er ist guter Dinge fürs Geschäft, die Brakeler, das weiß er aus vergangenen Jahren, mögen den Rundflug an Ketten, und die Anwohner seien immer sehr verständnisvoll.

Samstag, 3. August 1991,
16 Uhr 19 MEATZ:

Fotograf Rudi Meisel fährt erstmals Kettenkarussell und verliebt sich nach eigenen Angaben im Fluge in diese archaische Kirmes-Gerätschaft. „Lustvolles Fliegen, total geil", gibt er verklärt zu Protokoll und erklärt später, diese Begeisterung sei nur mit seinem spontanen Kauf von elf Haushaltsbürsten auf einmal („echt Roßhaar, toll") auf dem Fickelmarkt vergleichbar – eine Kombination von erquicklichen Erlebnissen, die die ganze Spannbreite annentäglicher Vergnügungen dokumentiert.

Auf beide Ereignisse werden wir – außerhalb der persönlichen Empfindungen des Fotografen Meisel – später noch ausführlich eingehen.

Stille Stunde

In der Provinz findet man sie noch, die biblischen Bilder, die Stillen im Lande und die Stille des Landes.

Ein Beispiel ist die Annentagsandacht, tags vor der großen Prozession. Die Stillen im Lande suchen die Stille auf dem Lande; und finden sie ohne Mühe – fernab vom Aufbaulärm der Kirmes, dem Rauschen der Großstädte, der allgegenwärtigen Phongewalt und dem hektischen Tagwerk.

Parkbänke und Klappstühle geben ihnen Halt für die innere Balance. Ernst und Würde, Ergriffenheit und Frömmigkeit sind die inneren Tragflächen für schweigende Zwiegespräche mit sich selbst. Hier wird seit Jahrhunderten Ballast abgeladen. Wünsche, Fürbitten, hoffnungsvolles Flehen. *Das Mädchen von Brakel* hat es vorgemacht und wurde dafür von den Brüdern Grimm durch Aufnahme in ihre Märchensammlung geadelt. Die Gefolgschaft des Mädchens von Brakel gibt es immer noch. *Herr, mach daß...*

Früher soll die Gemeinschaft der Beter vor dem Annentagsfest größer gewesen sein. Na ja, früher war ja alles besser, wie die Alten so sagen. Aber vielleicht trägt die Arbeit des Annentag-Teams dazu bei, daß die Tradition der Stillen im Lande und ihre Andacht der Stille auf dem Lande wieder hoffähiger werden. Es feiert sich in den kommenden Tagen sicherlich besser, wenn man vorher den fernen Verwandten *Vater Unser* und *Mutter Anna* Reverenz erwiesen hat. Denn ihnen verdanken die Brakeler schließlich das Annentagsfest und auch dieses Annentagsbuch.

Dat Mäken von Brakel

zitiert nach Brüder Grimm, Kinder- und Hausmärchen, zweiter Band, große Ausgabe, 7. Auflage, Göttingen, Verlag der Dieterichschen Buchhandlung 1857, Märchen Nr. 139.

Et gien mal'n Mäken von Brakel na de sünt Annen Kapellen uner de Hinnenborg, un weil et gierne'n Mann heven wulle un ock meinde, et wäre süs neimes in de Kapellen, sau sank et:

„O hilge sünte Anne,
help mie doch bald tom Manne.
Du kennst'n ja wull:
he wuhnst var'm Suttmerdore,
hed gele Hore:
du kennst'n ja wull."

De Köster stand awerst hünner de Altare un höre dat, da rep he mit ner gans schrögerigen Stimme: „Du kriggst'n nig, du kriggst'n nig." Dat Mäken awerst meinde, dat Marienkinneken, dat bie de Mudder Anne steiht, hedde üm dat to ropen, da wor et beuse un reip: „Pepperlepep, dumme Blae, halt de Schnuten un lat de Möhme kühren (die Mutter reden)."

Interpretation des Märchens:
Das Mädchen von Brakel

Scheinbar alles an dieser Geschichte ist nicht recht in Ordnung.

Eine Geschichte, die nicht historisch, doch gebunden ist an einen bestimmten Ort, heißt für gewöhnlich eine *Sage*. Brakel *ist* nun zwar ein bestimmter Ort in Ostwestfalen, doch das Mädchen von Brakel ist alles andere als *sagenhaft*; es ist ein Kind aus Fleisch und Blut, wenn auch wieder keine historische Person.

Geschichten, die von wunderbaren Gebetserhörungen an heiligen Stätten berichten, gelten gemeinhin als *Legenden*; das Mädchen von Brakel möchte nun zwar in seinem Gebet erhört werden, aber der Witz dieser Geschichte liegt darin, daß es sich weigert, die offenbare Nichterhörung noch länger mitanzuhören; nicht die verzichtfrohe Frömmigkeitshaltung der Legende, sondern der überraschende Protest gegen eine Religion, die der Liebe spottend im Wege steht, prägt diese Erzählung, die von den Brüdern Grimm in die Sammlung ihrer Märchen aufgenommen wurde, die in dieser Umgebung aber wohl doch nicht recht am Platze scheint.

Märchen – da erwartet man phantastische, traumnahe, im Irrealen spielende Geschichten, doch nichts, was die Geschichte von dem Mädchen in Brakel erzählt, ist irreal, alles könnte in der realen Welt sich so und nicht anders zutragen oder zugetragen haben, und dennoch berichtet die Erzählung von jener absolut phantastischen Möglichkeit, die darin liegt, daß ein Mensch die engen Grenzen seiner Herkunft und Erziehung übersteigt und einen Schritt tut, der im Rahmen seines Lebens nicht vorgesehen war.

Wenn ein Mensch *aus dem Rahmen fällt*, sieht das für die Umstehenden zumeist lustig aus, und gewiß ist das *Mädchen von Brakel* in diesem Sinne ganz und gar eine Geschichte mit einer einfachen und witzigen Pointe. Doch ist sie deshalb ein einfacher *Dorfschwank*? Ja und nein. Hier lacht ein ganzes Dorf über den *Mutterwitz* eines heranwachsenden Mädchens, und dabei könnte natürlich alles sein Bewenden haben; aus der Sicht des Mädchens handelt es sich aber um einen entscheidenden geistigen Durchbruch, der eine bestimmte Art von Frömmigkeit ein für allemal der Vergangenheit überantwortet und der die einzige Weise darstellt, wie das Mädchen, indem es versucht, zu seinem Geliebten zu gelangen, auch zu seiner eigenen Weiblichkeit findet.

Hat man sich über den kurzen Spaß der Erzählung erst einmal hinweggesetzt, so wird bald deutlich, wie eigen-

artig eine Religion verfaßt sein muß, die solche Späße hervorbringt – keine Frage, daß die Geschichte ausschließlich *im Katholizismus* verstehbar ist!

Da gibt es bestimmte Heilige in bestimmten Andachtskapellchen, die für bestimmte Gebetsanliegen anzurufen sind; da existiert wie selbstverständlich ein ausgeklügeltes Verteilungsnetz heiliger Zuständigkeiten; da gelten besondere Anrufungen insbesondere weiblichen Heiligengestalten, denen offenbar ein spezielles Verständnis gegenüber besonderen Wechselfällen menschlicher Not zugeschrieben wird. Das alles erinnert gewiß eher an heidnische Folklore als an das Christentum des Neuen Testamentes, doch mag es, psychologisch betrachtet, an sich recht munter hingehen.

Eine ganz andere Frage ist, was derartige Vorstellungen psychisch mit den Menschen machen, die ihnen ausgeliefert sind.

Das Thema, um das die Geschichte sich dreht, ist *die Sehnsucht der Liebe*, aber dieses Thema scheint eigentümlich verstellt. Wie findet ein Mädchen einen Jungen, den es lieben könnte und von dem es wiedergeliebt wird? Die Antwort scheint einfach: Es muß versuchen, Kontakte zu schließen und sich auf bestimmte Erfahrungen mit den Vertretern des anderen Geschlechtes einzulassen, und dazu ist erforderlich, nicht sowohl mit den Heiligen im Himmel als vielmehr mit den recht unheiligen Menschen (Männern sogar!) auf Erden Zwiesprache zu pflegen. Anders hingegen das Mädchen von Brakel, das, statt unmittelbar mit seinem Geliebten zu reden, all seine Wünsche in die *Mutter Anna* projiziert, um von ihr erhört zu werden. Daß die Anrufung der Heiligen die Chancen der rechten Partnerwahl wirksam verbessern könnte, mutet mit irdischen Augen betrachtet nicht sehr wahrscheinlich an – ausgenommen, es sind die Heiligen selbst, die einem solchen Bestreben höchstpersönlich im Wege stehen! Und gerade das scheint hier der Fall zu sein.

Wie das geschehen kann? Nun, es kann Heilige geben, die in ihrer Person gewisse Ideale der Sittlichkeit und der Sittsamkeit in einer Weise verkörpern, daß ein junges Mädchen, das in der Verehrung solcher Vorbilder groß geworden ist, nicht leicht mehr Sinnes werden wird, sein Lebensglück auf das Glück geschlechtlicher Liebe zu gründen. Die Mutter Maria z. B., die das Jesuskind nach kirchlicher Vorstellung jungfräulich empfing und zur Welt brachte, wird man gewiß nicht ohne weiteres als Helferin auf dem Wege zu einer normalen Liebe zwischen Mann und Frau in Anspruch nehmen dürfen. Im Gegenteil. Es gibt katholische Märchen wie die Geschichte vom *Marienkind* (Kinder- und Hausmärchen Nr. 3), in denen die Madonna, hebt man den Schleier der religiösen Symbolsprache über dem Märchen auf, ihr Pflegekind mit allen Herrlichkeiten des Himmels umgibt – solange es nur *unschuldig* bleibt und den Rausch der Liebe noch nicht kennengelernt hat; sobald es aber an die geheimnisvolle, verbotene Pforte der Wonnen zu rühren wagt und sein Finger, verräterisch genug, sich vergoldet, da wird es von der erzürnten Gottesmutter auf die Erde hinabgeworfen und in einer undurchdringlichen Dornenhecke, nackt und schutzlos, eingekerkert. Folgt man dem Märchen vom *Marienkind*, so ist es das Ideal der Madonna, der geschlechtlichen Unberührtheit als Frau (und als Mutter!) selbst, das dazu anhält, die unschuldigsten Gefühle eines heranwachsenden Mädchens schuldig zu sprechen und mit göttlicher Verurteilung zu ahnden. Ja, das *Marienkind* wird selbst als verheiratete Frau noch an der Seite eines *Königs* unter dem Schuldgefühl des Reinheitsideals der *Madonna* zur unausgesetzten Lebenslüge und Verleugnung all seiner wirklichen Gefühle gezwungen sein. Der zur Strafe verschlossene Mund wird nie mit einem Wort auch nur verraten, welch ein Gefühl der Lust dem Schock der lebenslangen Angst vorausging; und noch die eigenen Kinder, die das *Marienkind* Jahr um Jahr zur Welt bringen wird, holt die *Madonna* zu sich in den *Himmel* und entfremdet sie damit dem Einfluß der normalen, *irdischen* Mutterliebe. Das Bild von der ewig *reinen* jungfräulichen Mutter Maria ist, zum ethischen Ideal erhoben, nicht nur widersprüchlich und unerreichbar, es belegt allem Anschein nach jede Regung der natürlichen Sexualentwicklung eines Mädchens mit unauflösbaren Strafängsten, Abspaltungen und Doppelbödigkeiten.

Doch es gibt, gottlob, eine andere Seite. Mag das Ideal der *Madonna* noch so erhaben und hoch erscheinen, keine Religion oder Konfession, auch nicht der Katholizismus, kann es sich leisten, eine Jugend auf Ideale festzulegen, die im Widerspruch zu der gesamten biologischen und psychologischen Grundlage des Lebens stehen. Es muß Auswege geben, die, bei allem Respekt vor der immerwährend jungfräulichen Mutter Maria, auch noch andere, vergleichbar *normalere* Wege der Entwicklung von Menschen erlauben. Und so spaltet sich selbst im katholischen Frömmigkeitsleben das Bild der Mutter Gottes in zwei Personen, indem es sich zur Legende von der Mutter der Gottesmutter erweitert: *Maria* selber, so weiß die Überlieferung, angelehnt an die Geschichte der Hanna und der Geburt des Samuel im Alten Testament, kam als Tochter des schon betagten *Joachim* und seiner lange Zeit mit Kinderlosigkeit geschlagenen Frau *Anna* zur Welt. Während man nun den heiligen Joachim so gut wie niemals in der Ikonographie des Abendlandes abgebildet findet, hat die Zweiheit der Mutter Anna mit ihrer Tochter Maria oder die Dreiheit von Anna, Maria und dem Jesuskind auf die Maler in Mittelalter und Neuzeit eine außerordentliche Faszinationskraft ausgeübt. Und man versteht tiefenpsychologisch warum: Die *Mutter Anna* ist buchstäblich der Hintergrund, der Schatten, der die Strenge des madonnengleichen Keuschheitsideals ins Mütterliche, Weiblich-Gewährende überhöht und ergänzt.

In der Mutter Anna und der Jungfrau Maria zeigen sich die beiden idealen Seiten des Frauseins auf das deutlichste und bilden zugleich eine vollendete, nie überwundene Widerspruchseinheit, indem auch die polare Zuordnung beider ihre sinnreiche Entsprechung findet: An der Seite der Mutter Anna, die eine alte Frau ist, bleibt die Jungfrau Maria den Bildern nach ein kleines Mädchen, doch zwischen beiden Gestalten gibt es keine einheitliche vermittelnde Personifikation. Es gibt in diesem Vorstellungsschema keine Gestalt der Frau, die zwischen Kindheit und Greisentum eine vermittelnde Brücke zu schlagen vermöchte. Der Jungfrau Maria m. a. W. wird das Erleben der Sexualität unter der Einwirkung der göttlichen Liebe auf immer fremd bleiben, die Mutter Anna hingegen ist alt genug, um gegenüber derlei Gefühlsregungen außer Versuchung gestellt zu sein. Was es demnach *nicht* gibt, ist eine erlaubte Form erwachsener Weiblichkeit. Doch gerade in ihr liegt die Voraussetzung, um nach der Bitte des Mädchens von Brakel *zu einem Mann zu gelangen*.

Es ist, immerhin, nicht wenig wert, daß es selbst unter den Bedingungen des katholischen Keuschheitsideals *mütterliche* Ausnahmegestalten wie die

Mutter *Anna* gibt. Denn nur auf diese Weise ist es möglich, den Wunsch, selber Mutter zu werden, mit der Welt der Heiligen in Verbindung zu bringen. Mehr aber auch nicht! Jahrhundertelang, bis vor kurzem noch, ja eigentlich neuerdings schon wieder, war, ist und wird es die Lehrmeinung der katholischen Kirche sein, daß die Sexualität zwischen Mann und Frau nur dann sittlich erlaubt ist, wenn sie der Weitergabe von Leben diene oder doch zumindest für mögliche *Fruchtbarkeit* offen sei. Der Austausch von Zärtlichkeiten und Gemeinsamkeiten zwischen Mann und Frau darf dieser Vorstellung nach niemals zu einem *Selbstzweck entarten*, die Liebenden dürfen niemals so vermessen sein, nur einfach so, ohne höhere Aufgaben und Pflichten, miteinander glücklich sein zu wollen – es sei denn, man wählt den Ausweg der *Mutter Anna*, der man allerdings nicht gerade zutrauen wird, daß sie, außer bei der Empfängnis der Jungfrau Maria selbst, noch darüber hinaus ein nachhaltiges Liebesleben gepflegt hätte.

Man darf, steht es so, zwar *Mutter* werden; doch wie soll es möglich sein, je eine *Frau* zu sein? Das ist die Frage des Mädchens von Brakel.

Es wendet sich mit seiner Bitte an die *Mutter* Anna; es hofft, zumindest bei ihr, auf so etwas wie Unterstützung und Verständnis zu stoßen, doch: Was ihm wird, ist der bittere Hohn. Denn natürlich wirken Ideale nicht abstrakt, sondern nur mit Hilfe von Menschen auf Menschen ein; selbst das erhabenste Gottesbild bedarf seiner Religionsdiener, um sich unter den Menschen durchzusetzen.

Da gibt es in aller Regel eine seltsame Abfolge der Kompetenzen: An der Spitze einer (religiösen oder gesellschaftlichen) Gruppe werden die *Chefs*, die *Führer* stehen, die ohne viel Federlesen und Nachdenken den *Volkswillen* repräsentieren und auf sich vereinigen; wohin er freilich führt, dieser Volkswille, darüber machen sich unterhalb der Alpha-Leute die Betas Gedanken: Sie sind zumeist die Refklektierteren, Gebrocheneren, die eben schon deshalb zur Machtausübung weniger Tauglichen; und unterhalb dieser kommen die Gammas, die

Ausführenden, die Gehorchenden, das Fußvolk; hier wird gemacht, nicht nach-gedacht, hier wird pariert, nicht räso-niert, hier wird geglaubt, nicht überlegt.

Gerade auf dieser unteren Ebene sei-ner Amtsträger und Funktionäre läuft ein religiöses System stets Gefahr, zur Karikatur der Ungeistigkeit seiner selbst zu geraten und zu entarten. Eben des-halb läßt das Märchen von dem Mäd-chen von Brakel zur Verkörperung aller sexualneurotischen Hinderungsgründe der Liebe in der katholischen Kirche feinsinnigerweise *den Küster* vom Orte die Rolle des schwarz-gekaftanten Widerlings spielen. Nicht was Päpste sagen oder Bischöfe schreiben, sondern die einfache Erfahrungswirklichkeit im Umgang mit den Subalternen prägt das Klima einer Religion. Im Volke weiß man das. Und was man da weiß, unwiderleg-barer als jedes Theologendokument, das ist die hinterhältige, hinteraltarige Verhöhnung der Liebe bzw. der Sehn-sucht nach Liebe bei einem heranwach-senden Mädchen. „Du kriggst'n nig, du kriggst'n nig" – diese ewige Sprache des Dreinredens, der Entmutigung, der Ent-täuschung, der zerstörten Hoffnungen und des verstörten, eben erst erblühen-den Lebens ist die einzige Stimme, die in der Gnadenkapelle der Mutter Anna für dieses Mädchen hörbar wird. Man mag über derlei Possenstücke lachen; doch die es in ihrer Jugend erlebt haben, die haben nichts zu lachen.

Denn im Grunde muß man die Stimme des *Küsters* sich innerlich denken als eine verinnerlichte Stimme des ewig schlechten Gewissens gegenüber jeder sich regenden Wunschvorstellung von Glück und Gemeinsamkeit. Das *„Du kriegst ihn nicht"* bezieht sich ja nicht auf die realen Aussichten des Mädchens, bei seinem Geliebten Erhörung zu fin-den, sondern weit eher auf die moralisch erzwungene Blockade jedes freien Um-gangs mit dem Jungen seiner Wahl. Es ist nicht, daß ein solches Mädchen für die Liebe nicht schön genug wäre; es ist ganz einfach, daß alles, was an ihm schön ist, für häßlich, weil verführerisch, für minderwertig, weil nur allzu sicht-bar, für niedrig, weil aufreizend, erklärt wurde. Kein Kind, das unter dem Diktat von Kirchenbeamten dieses Schlages aufwächst, hat eine Chance, auf gera-dem Wege eine Frau zu werden.

Was aber bleibt ihm dann? Die Ant-wort des Märchens ist von bestechender Einfachheit: Wenn die Rede des *Küsters* Geltung gewinnen sollte, dann spräche zu dem Mädchen von Brakel wirklich nur noch das *Marienkindchen* – eine ewige Miniaturausgabe der Weiblichkeit; würde man als letzte Auskunft glauben, was da in scheinbar höchster Autorität, vom Altare her, gesprochen wird, so bliebe das Mädchen dazu verurteilt, den Status eines kleinen, verängstigten, kir-chengehorsamen, liebeentbehrenden *jungfräulichen* Mädchens niemals zu ver-lassen. Das Mädchen von Brakel hin-gegen besitzt den Mut, diesem Bild der ewigen Jungfrau als etwas *Kindischem* zu widersprechen; es bringt den Mut auf, dem Kontrastbild seiner selbst entgegen-zutreten; ja, es unternimmt das Wagnis, auf den Teil der gerade noch erlaubten Frömmigkeit zu setzen, den es in der Kirche gibt: *Die Mutter Anna* soll reden, die erwachsene, die erfahrene Frau! Und, füge es Gott, vielleicht, daß im Schatten dieser gerade noch gestatte-ten Mütterlichkeit am Ende sogar eine gewisse Fraulichkeit nachreift! An dieser Stelle siegt die Natur über die Über-natur, die Menschlichkeit über den reli-giösen Aberwitz, die Liebessehnsucht über Verbot und Verhöhnung im Namen einer liebesfeindlichen Religion.

Kleines, mutiges Mädchen von Brakel, du bist nichts weiter als eine Legende. Doch du lebst in so vielen unbekannten tapferen Frauen, welche die heiligsten Gesetze lieber verleugnen als ihre Liebe.

Kleines, mutiges Mädchen von Bra-kel, ich stehe nicht an zu sagen: Man sollte dich zählen unter die Kirchenleh-rer. *Du* wärest ein Wallfahrtsort als Ver-körperung der Wahrheit der Liebe selbst in Brakel und überall andernorts.

Fest steht jedenfalls: Die Götter Grie-chenlands hätten dich lieb.

Anschlag mit Böllerschuß

Blick zur Uhr. Die Zeiger drängen, und der Bürgermeister feilt ein letztes Mal am Redetext; macht ein letztes kurzes Stretching vor dem wichtigsten Schlag des Jahres. Dann böllert es aus der Ferne – das Signal.

Des Bürgermeisters Hammer trifft punktgenau, gleich beim ersten Versuch. Und weil das so war, wird die Lokalzeitung später jubeln, es sei kein einziger Tropfen verlorengegangen. Kein Wunder, der Mann hat schließlich Routine mit Anschlägen, das spürt man gleich. Jetzt aber hoch die Maßkrüge, gilt es für die städtische Repräsentanz. Anton Wolff, der Meister seiner Bürger: „Wer hierher kommt, fühlt sich wie auf dem Münchner Oktoberfest." Und weil das so ist, sind alle gekommen. Applaus. Tusch. Und Prost.

Samstag nachmittag, pünktlich um 14.30 Uhr, endlich ist angezapft: Ein Jauchzen geht durch die Stadt. Der Annentag ist offiziell eröffnet.

Es ist der erste gesamtdeutsche Annentag, das gilt es zu betonen. Und überdies ist es, so der Bürgermeister, „ein vom europäischen Flair durch-wobenes Fest". Es seien schon Dänen, Schweden, Norweger und Gäste aus Amerika gesichtet worden, und es werde sicher ein Fest, das „uns alle einnehmen und gefangennehmen wird". Ja, die Ketten am Tresen sind die schönsten Fesseln. Ganz Brakel wird zur Vollzugsanstalt – in vollen Zügen rauscht ab sofort der Gerstentrunk.

„Freude", sagt der Bürgermeister, „ist die Mutter aller Tugenden." Und weil das so ist, trägt er noch eine besinnliche Dreingabe vor:

„Allzeit fröhlich ist gefährlich,
allzeit traurig ist beschwerlich,
allzeit glücklich ist betrüglich,
eins ums andre ist vergnüglich."

Mühelos schlägt der Bürgermeister alsdann die Brücke vom weltlichen Treiben ins religiöse Leben. „Ohne den lieben Gott", sagt er, „läuft nichts, nicht mal ein Karussell". Und weil das so ist, betritt Pfarrer Koch im neu erstandenen und damit noch jungfräulichen Annentagsgewand die Bühne und schickt sich an, das taufbereite Fahrgeschäft, die Kinder-Achterschleife *World of Fantasy*, zu weihen. „Der Herr", sagt er, habe uns „die Kräfte der Schöpfung übergeben" und macht sich daran, die Flieh- und Schwerkräfte des kreisenden Kinderglücks einzusegnen durch würdevolle Weihwasserspritzer auf den roten Spritzenwagen.

Honoratioren und Volk beten gemeinsam ein Vater Unser für das Fahrgeschäft. Und wieder ist es der Bürgermeister, der den Bogen zurückfindet ins Weltliche: „Schausteller", sagt er, „sind genauso gläubig wie abergläubig", und weil das so ist, wolle er sogleich „die erste Mark in die Kasse tun". Auf eine Freifahrt verzichtet er.

Montag, 5. August 1991,
21 Uhr 10 MEATZ:

Drei Tage nach dem pastoralen Segen
muß Elfriede Weber, die erfahrene
Inhaber Mutter des „World of Fantasy",
ein erschütterndes Fazit ziehen: Trotz
aller kirchlicher Bemühungen habe man
„sehr schlimm, wirklich sehr, keine einzige volle Fahrt gehabt". Was aber, das
möchte sie betonen, sicher nicht „am
Herrn Pfarrer" gelegen haben kann.

25

Schaurig schräg und scheppernd schön schrillen die Spielmannszüge. Derer drei sind dabei: aus Riesel, aus Hembsen und aus Istrup, und sie alle musizieren zum Eröffnungszeremoniell in den Straßen der Stadt. Dazu eine weitere Blaskapelle aus Erkeln, aus Brakel selbst die Stadtkapelle, ein Fanfarenzug und noch mal aus dem offenbar sehr musikalischen Hembsen: die Feuerwehrkapelle. Siebenfaches Tuten und Blasen, Trillern, Pfeifen und Tschingderassabum.

Manchmal, wenn man so am Rande steht und lauscht, und sie kommen von allen Seiten heranmarschiert und defiliert, und sie trällern und pauken, dann weitet sich der Klangteppich zu einem neuen klingenden provinziellen Gesamtkunstwerk – zur großen multiphonen Annensinfonie der Stadt Brakel.

Kinderkirmes

tabu hat den Düsseldorfer Dichter Peter
Maiwald gebeten, sich in die Seelen der
jüngeren Annentagsgäste zu versetzen
und ihre Sicht der Dinge poetisch zu
interpretieren. Peter Maiwald ließ sich
von den Bildern inspirieren und steuerte
vier Gedichte zum Annentagsbuch bei:
*Piet der Träumer, Die Sprache, Kinder-
spiel* und *Dieser Tag*.

Piet der Träumer

Piet der Träumer
träumt den Traum:
träumt vom Lande
Glaubstdukaum.

Ist ein Land nicht
weit von hier.
Leben ich und
du und wir.

Fließt ein Fluß
aus Apfelsaft.
Haben Kinder
Riesenkraft.

Haben Riesen
dünne Haut.
Straßen sind aus
Marzipan gebaut.

Nichts, was nicht
ein Kind erreicht.
Alles hier ist
kinderleicht.

Ist ein Berg
im Wege jetzt:
Schwupps – ein Kind
hat ihn versetzt.

Wenn was wo
im Wege liegt:
Macht nichts – weil ein
Kind gut fliegt

in dem Lande
Glaubstdukaum.
Schokolade
wächst am Baum.

Zuckerwatte
gibt's zuhauf:
Halte eine
Wolke auf.

Für den Hunger
in dem Bauch
wächst ein Knackwurst-
würstchenstrauch.

Auch für Spielzeug
ist gesorgt:
Wer eins braucht
der kriegt's geborgt.

Alle Leute
haben Zeit.
Darum gibt es
selten Streit.

Hinzukommen
ist nicht schwer:
Denk dir einfach
wie es wär.

Piet der Träumer
träumt den Traum:
träumt vom Lande
Glaubstdukaum.

Die Sprache

Es kam zu uns Hans Allerhand
und sprach,
daß ihn kein Mensch verstand.

Er sagte: Buten Borgen! Und
auch: Buten Bag! Beid bihr besund?

Wir sagten freundlich: Komm doch rein!
Da sagte Hans: Banke! Bie bein!

Es sagte Fritz, der Bücher las:
So sprechen die Chinesen das.

Ach nein: so spricht ein Eskimo!
Ganz falsch: Die Inder sprechen so!

Schließlich sagt Hans: Bich beiße Bans!
Und Rita sagt: Bie but! Und kann's.

Kinderspiel

Paul nimmt die Straße
und biegt sie um.
Nun ist die grade
(mehr spannend!) krumm.

Paul nimmt die Häuser
und wirft sie hoch
und stopft mit Wolken
das Erdenloch.

Paul nimmt den Bäumen
die graue Last
und hängt fünf Träume
an jeden Ast.

Paul nimmt die Himmel
und wirbelt sie.
Nun ist der siebte
so nah wie nie.

Paul nimmt die Kugel
und dreht die Welt
langsam, daß keiner
herunterfällt.

Dieser Tag

Dieser Tag: So schön war keiner.
Niemand machte jemand kleiner.
Niemand hat den Paul getreten.
Niemand raste in den Städten.
Niemand hat Marie gekniffen.
Niemand hat uns angepfiffen.
Dieser Tag war dein und meiner.

Dieser Tag: So schön war keiner.
Jemand sagte: Ich bin deiner.
Jemand hat ein Lied gedichtet.
Jemand hat den Streit geschlichtet.
Jemand mußte an uns denken.
Jemand kam uns mit Geschenken.
Dieser Tag war dein und meiner.

Dieser Tag: So schön war keiner.
Richard half dem kleinen Rainer.
Edi ließ uns Skateboard fahren.
Katrin zog nicht an den Haaren.
Fritze lich uns seine Mütze.
Rita fiel nicht in die Pfütze.
Dieser Tag war dein und meiner.

Schlafendes Bier, kuschelnde Curry-würste, dösende Hunde

Die Stadt morgens zwischen fünf und sieben, bevor ein neuer Ansturm der Vergnügungslustigen hereinbricht.

Umsichtig werden die letzten Lieben-den in ihre Betten gekehrt. Der Annen-tagsmüll des Tages ist gesammelt aufge-häuft und wird abtransportiert. Brakel hat wenige Stunden Pause.

Heiße Hunde dösen vor sich hin, amerikanische Flachfrikadellen ruhen relaxed im kalten Fett, und überall haben sich die Currywürste friedlich aneinan-dergekuschelt. Das Bier hat sich in den Fässern schlafen gelegt, und die roman-tisch roten Plastikrosen in den Schieß-buden sammeln den Morgentau. Die

Kettenglieder am Wellenflug hängen sich aus, und die Karussells tanken neue Fliehkräfte für den wilden Schwung des anbrechenden Tages.

Bald rattern und piepsen und schep-pern die Wecker. Die Stadt wird wach-geläutet zum nächsten Durchlauf. Die Glocken der Kirchtürme geben ihren morgendlichen Segen.

Die Prozession – noch ein Wandel

Hunderte sind es. Andächtig, würdevoll, gemessen in den Bewegungen, feierlich, Schritt für Schritt. Und an jeder Straßenkreuzung werden es mehr. Wie ein langes Band winden sich die Gläubigen am Sonntagmorgen zur Annenkapelle. Sie singen von Jungfrauen und Wundern, vom Allmächtigen und seinem Sohn. „Heilige Mutter Anna" schallt, seufzt, flüstert es in vielen richtigen und falschen Stimmlagen, die sich zu einer eigenen Harmonie vereinen.

Sind die Männer und Frauen von Brakel ausgetauscht worden? Die halbe Nacht durch, mancherorts noch beim Sonnenaufgang, tobten die Menschen berauscht durch die Kneipen und Gassen der Stadt, jauchzten und jubilierten ganz andere Lieder, trugen ganz andere Wünsche und Begierden in sich – und

jetzt diese Verwandlung. Welch anderen Klang die Musik plötzlich hat. Wie weihräuchig das Bier plötzlich riecht. Wieder ein Wandel in Brakel. Annentag – eine ständige Metamorphose.

Die kleine Kapellenglocke tönt ohne Pause, wie eine Schallplatte mit Sprung. Unermüdlich zieht der Küster am Seil, als Pfarrer Koch, vom Baldachin geschützt, vom Kirchenvorstand umgeben, hinter dem Spieglein der Monstranz den Zielort der Prozession erreicht. Für Koch ist die Heilige Messe „der Höhepunkt des Annentages", und er findet die „Beteiligung groß und großartig". Ein bißchen Neugierde hat die Menschen auch getrieben. Schließlich ist heute Kochs Annenpremiere.

In seiner Jungfernpredigt spricht er von den kleinen Sünden und großen Verfehlungen, die von allen auf Erden begangen würden; selbst einer wie der Apostel Paulus habe „viel Blödsinn gemacht". Im Hier und Jetzt ist Koch optimistischer: „Wenn wir etwas spüren in der Stadt, dann ist es Frieden und Gemeinschaft." Damit es so bleibe, empfiehlt er „etwas ganz Sicheres: das Gebet".

Frieden jedoch kann nur am Streit entstehen, und so war es auch am frühen Morgen gewesen. „Eine Schande für den Annentag", hatte Pfarrer Koch noch in der Sakristei geschimpft, als zu wenig Meßdiener zur Vorbereitung gekommen waren. Den wenigen Erschienenen trug er auf, dafür um so energischer die Weihrauchkessel zu schwenken: „Das muß richtig dampfen."

Zum Ende seiner Predigt gedenkt Koch hochaktuell der Zurückgebliebenen, der von nächtlichen Gelagen Angeschlagenen, am Sonntagmorgen noch bös Gezeichneten:

„Herr, halte die Schwankenden. Erwecke die Schlafenden."

Weil wohl jeder der Anwesenden solcherlei verkaterte Brüder oder Schwestern in den heimischen Betten weiß, freuen sie sich über die Weltoffenheit der Geistlichkeit, und sie applaudieren nach dem letzten Amen, und das so freudig und bestimmt, herzlich und dankbar, daß dem speziellen Annentagsküster, ebenfalls mit dem Namen Koch, wie er später bekennt, „vor Rührung die Tränen die Backen runtergerannt sind". (Letzteres vielleicht aber auch deshalb, weil der Thanner von Brakel seinen Annenküster vor allen Gläubigen als Stütze des Geschehens hatte hochleben lassen.) Der Einstand des Pfarrers Koch war glatt gelungen.

Beim Rückweg ist das Bimmeln des Kapellenglöckleins plötzlich verstummt. Das Seil war gerissen, aber der Küster bestellte noch am Sonntag ein neues. Ersatzweise blieben '91 wenigstens die blau-weißen Fähnchen vor der Kapelle unbeschadet und vollzählig hängen. Drei waren in den Jahren zuvor abhanden gekommen. Gestohlen! Entwendet! Aber Küster Koch hatte in diesem Jahr auch besonders aufgepaßt, schließlich war Schalke gerade wieder in die Bundesliga aufgestiegen. Koch ist sicher, daß der Götze Fußball aus dem Kohlenpott immer der Grund für den Fahnenschwund war.

Sonntag, 4. August 1991,
10 Uhr 58 MEATZ:

Bernd Müllender, einer der Vier vom Annentagsbuchteam, leidet während der Zeremonie an einer stetig wachsenden Nervosität und beginnt schließlich, seine Tabakutensilien zur Fertigung einer Zigarette aus der Tasche zu holen. Obwohl sich der vom Katholizismus konvertierte bekennende Jeck aus dem Rheinland, wie er augenblicklich den strafend blickenden umstehenden Ostwestfalen entschuldigend vorbringt, „ganz bewußt weitab in den Hintergrund zurückgezogen" habe, wird ihm die weitere Vorbereitung in größerer, angemessener Entfernung nahegelegt. Müllender schlägt sich in die Büsche und entdeckt dabei den Annenbrunnen. Dort erfährt er von einem alten Mütterchen, daß das Wasser die Kraft habe, Augenleiden zu heilen. „Woran man sieht, Rauchen bildet", wie Müllender später an seine Mitstreiter weitergibt.

Die Geschichte des Annentags und der Annenverehrung in Brakel

Die Annenverehrung nahm (und nimmt) so verschiedene Formen an und spiegelt sich in so zahlreichen Erscheinungen, daß man ihr eigentlich nur lexikalisch beikommen kann. Und da fast alle diese Formen und Erscheinungen mit dem Namen der Heiligen verbunden sind, soll das „Kleine Annenlexikon" auch mit einem Beitrag über den Namen Anna beginnen.

Anna

Name der Mutter Marias, der Großmutter
Christi. Zum 26. Juli schreibt „Der große
Namenstagskalender" von Jakob Torsy,
Herderverlag, Freiburg i. Br., 1975:
„Joachim und Anna sind nach dem Proto-
evangelium von Jakobus aus der 2. Hälfte
des 2. Jahrhunderts die Namen der
Eltern Marias. Im 5. und 6. Jahrhundert
werden sie in Marienlegenden weiter-
verbreitet. Eine Hochblüte des Kultes
setzt im Zusammenhang mit der wachsenden Marienverehrung im Spätmittel-
alter ein. Besonders die Orden der Kar-
meliten und Kapuziner förderten die
Verehrung von Joachim und Anna. In der
christlichen Kunst des Spätmittelalters
erscheinen sie auf Darstellungen des
Marienlebens und der „heiligen Sippe".
Zahlreich sind auch Plastiken und Ge-
mälde der „Annaselbdritt' (Anna, Maria,
Jesuskind). Das Haupt Annas wird seit
1501 in Düren (Rheinland) verehrt."
Zum gleichen Thema führt Junker aus:
„In der Heiligen Schrift werde ihrer
nicht gedacht, aber im sog. Protoevan-
gelium des Jakobus, das nicht zu den
kanonischen Büchern gehört, wird ihre
Geschichte ausführlich und erbaulich
erzählt." Nach den im 2. Jahrhundert
entstandenen Legenden sei sie in Beth-
lehem geboren, ihre Schwester Lobe
sei Mutter der Elisabeth gewesen, welche den hl. Johannes den Täufer gebar.
Mit Gottes Hilfe hätten endlich Joachim
und Anna in Person der Maria Kinder-
segen erhalten.

Die älteste nachweisbare Trägerin des
Vornamens Anna in Brakel ist um 1499
die Frau des Bürgermeisters Engelhard
Wippermann, deren Sohn Engelbert
erster Inhaber des *Annenaltares ist.
Auch heute ist der wohlklingende Vor-
name im Nethegau nicht selten, erlebt
neuerdings sogar wieder eine Renais-
sance.

Die St. Annenkapelle bei Brakel *)

Unfern der Stadt Brakel in nördlicher Richtung steht im Schatten ehrwürdiger Linden die freundliche Kapelle zur hl. Anna. Die ältesten Spuren der Verehrung der hl. Anna, der Mutter der allerseligsten Jungfrau und Gottesmutter Maria, gehen in das Morgenland zurück, wo bereits Kaiser Justinian I (527—565) unter ihrem Titel eine Kirche hatte bauen lassen. Im Mittelalter fand die Verehrung der hl. Anna auch in Deutschland Eingang. Im Bistum Paderborn wurde das St. Annenfest 1500 offiziell eingeführt. Nachdem schon mehrere Jahre vorher in der Pfarrkirche zu Brakel der hl. Anna ein Altar geweiht war, wurde um das Jahr 1500 an der alten, durch die Erinnerung geweihten Stätte, wo in früheren Jahrhunderten die erste christliche Kirche des alten Brakel gestanden hat, eine St. Annen-Kapelle erbaut. Die erste Urkunde, die von der Kapelle berichtet, stammt aus dem Jahre 1513. Am 16. Juni dieses Jahres bestätigt der päpstliche Notar Nicolaus de Salva den Empfang einer Bittschrift an Papst Leo X., in der der Brakeler Pfarrer Johannes Junke Beschwerde führt gegen den Paderborner Bischof und seinen Offizial wegen der Beschränkung seiner Pfarrrechte und wegen der Kürzung der ihm aus der St. Annenkapelle zufließenden Opferspenden. Diese müssen demnach nicht unerheblich gewesen sein, was auf starken Besuch der Gläubigen und auch auswärtiger Wallfahrer schließen läßt. Am 3. Pfingsttage des Jahres 1518 wurde die St. Annenkapelle durch den Bischof konsekriert. Deshalb muß sie schon eine größere Wegkapelle gewesen sein, da kleine Kapellen fast nie die bischöfliche Konsekration erhielten.

Da in den Reformationswirren in Brakel die kirchlichen Gebäude sehr gelitten hatten, so wird damals auch wohl die St. Annenkapelle baufällig geworden sein. Hermann Ludwig von der Asseburg, der in der Stadt Brakel wohnte, und seine Gemahlin Odilia Elisabeth von Harthausen ließen auf ihre Kosten die Kapelle neu errichten. 1700 war sie im Rohbau fertig. Nach dem Tode des Hermann Ludwig von der Asseburg ließ dessen zweite ihn überlebende Gemahlin Maria Elisabeth von Schell-Rechen den Bau und die Innen-Einrichtung der Kapelle vollenden, wie es die Inschrift auf der Motivtafel rechts neben dem sog. Mirakelbilde berichtet. Die Vollenderin des Baues ließ die Jahreszahl 1719 als Zeitpunkt der Errichtung des Baues über dem Portal einmeißeln. Der massive Neubau zeigt die Formen des Barockstils und stellt ein Achteck dar mit vorgelegter offener Halle. Er fügt sich vorzüglich in die Landschaft ein. Der Putz der Mauerflächen ist angenehm unterbrochen durch Eckquadern aus Tuffstein. Vier hohe rundbogige Fenster lassen dem 8 m Durchmesser haltenden Innenraum reichlich Licht zufluten. Letzterer ist überspannt von einem kuppelartigen Gewölbe, dessen Rippen auf Konsolen ruhen.

Um das Jahr 1810 schenkte der Graf Werner von Bocholtz-Asseburg der Kapelle ein großes Oelgemälde, auf dem die hl. Anna mit ihrem Kinde dargestellt war. Es zierte ehedem die Wandfläche hinter dem Altar. Dieser selbst, wie auch das Oelgemälde, sind in den 70er Jahren in das Kloster Brede gebracht worden, nachdem Graf Dietrich von Bocholtz-Asseburg einen neuen, den jetzt stehenden Altar für 1000 Taler gestiftet hatte, der vom Bildhauer Fleige in Münster kunstvoll hergestellt wurde.

Das sogen. Mirakelbild in der Annenkapelle ist ohne jeden Kunstwert und scheint die Arbeit eines wenig geübten Handwerkers zu sein. Deswegen ist auch sein Alter schwer zu bestimmen. Es wurde einst von einem auswärts wohnenden recht einfältigen Eremiten entwendet da er auf diesem recht sonderbaren Wege seinem eigenen' neu erbauten Kapellchen ein Mirakelbild verschaffen wollte. Aus Anlaß der Entwendung des Mirakelbildes wurde im Jahre 1750 die Novene der 9 Annendienstage eingeführt, die der Brakeler Bürgermeister Johannes Crux später mit einem Kapital von 200 Taler fundierte.

Die Prozession zur Annenkapelle ist schon sehr alt. Schon zu Beginn des 16. Jahrhunderts werden große Pilgerscharen zur Annenkapelle gekommen sein, die dort viele Gaben opferten. Bis zum Ende des 18. Jahrhunderts konnten die Besucher der Annenkapelle am Annentage unter den gewöhnlichen Bedingungen einen vollkommenen Ablaß gewinnen. Leider ist das Ablaßprivileg seit etwa 100 Jahren nicht mehr erneuert worden. Das Annenfest, und insbesondere die Prozession, müssen von Anfang an einer außerordentlichen Beteiligung auch aus den umliegenden Pfarreien sich erfreut haben. Das hatte auch seine Gefahren. Schon aus dem Jahre 1745 merkt ein Chronist zum Annentage an, daß an diesem Tage gewöhnlich „tapfer geprügelt, blut und blau geschlagen" würde. Kein Wunder! Wo Tausende von Menschen zusammenströmen, waren in damaliger Zeit solch unerfreuliche Begleiterscheinungen zu leicht möglich.

Der Annenmarkt stammt erst aus späterer Zeit. In seinen Anfängen scheint er zunächst für die Befriedigung der leiblichen Bedürfnisse der zugeströmten Fremden gedient zu haben. Nach und nach werden sich ihm auch der Kramhandel und Schaustellungen aller Art zugesellt haben. Kirchlicherseits war man, wie ein Brief des Fürstbischofs Friedrich Wilhelm, den er an den Gografen zu Brakel von Hildesheim am 26. Februar 1785 richtete, hervorgeht, sehr darauf bedacht, dem Annenfeste in erster Linie seinen religiösen Charakter zu erhalten und es für die Gläubigen fruchtbringend zu gestalten. So sollte nach dem Briefe des Fürstbischofs das Feilbieten von Waren und dergl. während der Prozession und der Andacht strengstens verboten sein. Welcher Händler sich dagegen verfehlen würde, dessen Sachen sollten beschlagnahmt und unter die zu Brakel wohnenden Hausarmen verteilt werden.

---

*) Auszüglich dem im Druck befindlichen Werke „Geschichte der Stadt Brakel" entnommen.

Annenaltar
(Beneficium St. Anna und Jakob)

Spätmittelalterlicher, heute leider nicht mehr erhaltener Altar in der Brakeler Pfarrkirche. Junker glaubt, der Altar sei um 1490 spätestens vorhanden gewesen: „Damals bestand – es war unter dem Pfarrer Johann von Dey – in der Pfarrkirche Brakel ein Altar mit Altarstiftung der hl. Anna."

Der Rektor des Altares war Engelbert Wippermann, zugleich Pastor in Herste. Im Mittelalter wurden die Altäre von frommen – meist wohlhabenden – Bürgern als gutes Werk gestiftet und mit einer oder mehreren Geldrenten ausgestattet, die zum Unterhalt des betreffenden Geistlichen beitrugen. Man sprach dann von einem „Beneficium" (lateinisch: Wohltat, in der Bedeutung Pfründe, Lehen).

Urkundlich nachweisbar ist in der Michaelskirche das „Beneficium St. Anna und Jakob". In einer Urkunde vom 28. Juli 1528 heißt es: „Bürgermeister, neuer und alter Rat und Gemeinheit der Stadt Brakell verkaufen an Meister Johan thor Marthmollen und seine Kinder Hans, Johan, Herman, Byahte und Anne die Mittelmühle binnen Brakell auf Lebenszeit gegen Abgabe von 5 rhein. Goldgulden und eines fetten Schweines für das Ratsmahl bei der Ratswahl oder eines Goldguldens, sowie von 6 rhein. Goldgulden an das Busdorfstift zu Paderborn, eines Goldguldens an Barbara von Weseborch, Äbtissin zu Herse, von 3 Goldgulden an den Rektor des städtischen Hospitals, von 4 Mark an die Benefiziaten von St. Anna und St. Jacob in der Pfarrkirche zu Brakell, der Käufer erhält Vorkaufsrecht auf die Austmermolle (Ostmermühle)."

Diese Urkunde ist in dem Rats- und Bürgerbuch abgeschrieben. Die entscheidende Stelle heißt in Niederdeutsch und in damaliger Rechtschreibung:

„... und dem jenen sich des leyns ‚(Lehen)' Sunthe Annen und Sunthe Jacobs des hilligen apostels bynnen der parochial kerken unser Stadt Brakel, vor einen wahrhaftigen besitter understeith und gebrauchet auch myth vorhe ‚(vier)' marke unser werunge tho gevende vorplichtiget wesen ..."

Vielleicht hat man beide Benefizien deshalb zusammengelegt (beziehungsweise St. Anna neu dazu genommen), weil in der Kirche kein Platz mehr für einen weiteren Altar vorhanden war oder weil das Geld nicht reichte. Ein anderes Zitat spricht von „sent Jacobs und sent Annen Lehen ... mydden in unser kerken". Der Verfasser, der dies zitiert, meint, der Altar habe „vor demselben Pfeiler gestanden", in dessen Nische wir noch heute das Standbild (*Annenbildnisse) der Heiligen sehen". Den Priester habe man wegen dieses Platzes den „Pilerpapen" genannt.

Um 1550 soll der Altar mit den übrigen neun Altarstiftungen der Michaelskirche untergegangen sein. Das ist glaubhaft, da doch in dieser Zeit Brakel weitgehend dem evangelischen Be-

kenntnis zuneigte und die Heiligenver-
ehrung sowie das kirchliche Pfründen-
system abgelehnt wurden.

1663 legte der Bischof und Landes-
herr Ferdinand von Fürstenberg im
Zuge der Gegenreformation alle neun
Einkünfte zur Stiftung von zwei Seelsor-
gestellen (Kaplaneien) zusammen.
Dies bedeutete das Ende des alten
Benefizialsystems. Erhalten blieb aber
der Annenaltar. Er wurde Anfang des
19. Jahrhunderts an das Ostfenster der
Asseburgischen Kapelle gerückt, weil
man Platz für die Kirchenbänke brauchte.
Als er 1848 dort vom Marienaltar ver-
drängt wurde, stellte man eine Annen-
figur auf den vom Bürger und Ratsherren
Crux gestifteten Johannesaltar. Woraufhin das Volk zu Unrecht diesen Altar als
Annenaltar bezeichnete. Neben dem
Altar in der Pfarrkirche soll um 1496 noch
ein Altar St. Thomas und St. Anna in der
Bredenkirche bestanden haben. Dort
soll Anna an der Spitze der heiligen Wit-
wen dargestellt worden sein.

Annenablaß

Bis 1819 geltendes Privileg. Die Besucher der *Annenkapelle konnten am
*Annentage „unter den gewöhnlichen
Bedingen" (Generalbeichte, Kommu-
nionempfang) „einen vollkommenen
Ablaß gewinnen". Daher kam es, daß an
der *Annenkapelle mit Hilfe der Kapuziner immer viele Kommunionen aus-
geteilt wurden. Das Ablaßprivileg ist
seitdem nicht mehr erneuert worden.

Annenbächlein

Bei der *Annenkapelle entspringen-
des kleines Gewässer. „In der Brakeler
Feldmark fallen mehrere kleine Bäche
in die Brucht. Von Westen her, am Fuße
des Sepeker Berges entspringend
a) der Sepekerbach; b) der Iriftbach;
c) das *Annenbächlein aus dem *Annenbrunnen bei der *Annenkapelle kom-
mend, heißt es in Ewalds „Geschichte
der Stadt Brakel".

Annenbasen

Volksmundlicher Name für die zahlreichen Familienangehörigen, die am Annenfest nach Brakel strömen und damit ihre Heimatliebe und ihren Familiensinn bekunden. Ihnen wird „eine würdige Aufnahme zuteil", gestalten sie doch das Annenfest zu einem „Familien- und Volksfest in edler Sitte Schranken".

Annenbildnisse

Oberbegriff für verschiedene Annenbilder und -Statuen in Brakeler Kirchen. Von den klassischen Annen-Darstellungen des Spätmittelalters – Anna mit Joachim oder Anna mit Maria und dem Jesuskind – ist in Brakel keine erhalten. Die Darstellung Annas mit Buch und Maria am südlichen Vierungspfeiler der Pfarrkirche trägt im Gegensatz zu den dogmatisch bestimmten älteren Abbildungen genreartige Züge.

Das sog. „Mirakelbild" wird nur an den Annentagen in der Annenkapelle ausgestellt, ansonsten aber sicherheitshalber in der Pfarrkirche aufbewahrt, da es „einst von einem auswärts wohnenden, recht einfältigen Eremiten entwendet wurde, da er auf diesem recht sonderbaren Weg seinem eigenen neu erbauten Kapellchen ein Mirakelbild verschaffen wollte" (*Annendienstage). Ewald hält es für „die Arbeit eines wenig geübten Handwerkers".

Die jetzige Gruppe „Anna mit Buch und Maria" in der Annenkapelle ist jüngeren Ursprungs. Sie ersetzt ein Ölgemälde gleichen Themas, das Graf Werner von Bocholtz-Asseburg 1810 gestiftet hatte und das hinter dem Altar die Wand zierte. Altar und Bild kamen „in

den 70er Jahren in das Kloster Brede...", nachdem Graf Dietrich von Bocholtz-Asseburg einen neuen, den jetzt stehenden Altar für 1000 Taler gestiftet hatte, der vom Bildhauer Fleige in Münster kunstvoll hergestellt wurde."

Giefers berichtet von einer Anna-Statue bei den Kapuzinern, wahrscheinlich aus dem 16. Jahrhundert. Dieser Nachguß eines romanischen Bildes sei an einen „Juden für 48 Taler in Hannover verschachert" worden. Außerdem soll sich in der Kapuzinerkirche ein Annenbild befunden haben.

Überliefert ist auch eine mit Votivgaben behängte Wachsstatue, deren Standort unsicher ist. Die Votivgaben sollen bis ins 16. Jahrhundert zurückgehen. Um 1885 wurde die Figur mit Genehmigung des Generalvikariats eingeschmolzen.

Annenbildstock

Eines der schönsten Zeugnisse Brakeler Annenverehrung. Der um die Brakeler Geschichte hochverdiente Heimatfreund Hermann Hoffmeister beschreibt den Annenbildstock an der Nieheimer Straße so:

„Der Annenbildstock in barocker Ausführung hat Jubiläum. Er ist 280 Jahre alt. Im Jahr 1706 wurde der Bildstock an der Nieheimer Straße in Brakel errichtet. Er befindet sich am Stadtrand an der Abzweigung in die Rudolphistraße. Zwei unter Denkmalschutz stehende Kastanien beschatten ihn. Der Standort bietet für Wanderer eine willkommene Gelegenheit zum Ausruhen. Zwei Sitzbänke laden dazu ein. Eine kleine Parkanlage umschließt den Bildstock. Er liegt am direkten Wege zur Annenkapelle.

Der unbekannte Stifter dieses Bildstockes hatte die Absicht, allen Besuchern der Annenkapelle eine Einstimmung in die Annenverehrung zu ermöglichen. Dieses Ziel dürfte er in vielen Fällen im Laufe der verflossenen 280 Jahre erreicht haben. Vor etwa 20 Jahren wurde der Bildstock von den Bildhauermeistern Spalthoff und Müller aus Brakel restauriert. Die Instandsetzungskosten übernahmen der Heimat- und Verkehrsverein und die Stadt Brakel.

Heute präsentiert sich der Annenbildstock in einem guten Zustand und ist mit der kleinen Parkanlage eine Zierde des Stadtbildes.

St. Annenbruderschaft

Spätmittelalterlicher Zusammenschluß Brakeler Kaufleute. Die mittelalterliche Stadt ist ohne die Existenz von Zünften – als vorwiegend berufsständische Organisationen – und Bruderschaften – als darüber hinaus stärker religiös motivierte Zusammenschlüsse – nicht denkbar. Diese Zusammenschlüsse „waren mehr als Arbeiterorganisationen. Sie erfaßten ihre Mitglieder nicht nur im Hinblick auf deren berufliche Tätigkeit, sondern vollständig. Sie kontrollierten nicht nur die Arbeit, sondern auch das Leben der ‚Mitglieder‘, sie ahndeten nicht nur schlechte Arbeit, sondern auch sittliches Fehlverhalten . . . Aus diesem Grunde war das Zentrum einer solchen Genossenschaft wenigstens ebensosehr wie das Zunfthaus der Altar, an welchem das Totengedächtnis für die verstorbenen Zunftgenossen gefeiert wurde und an dem der Priester amtierte, dessen Pfründe von den Zunftgenossen gestiftet worden war. Am Ende des Mittelalters werden hier die Wurzeln des modernen Vereins, bis zu einem gewissen Grade auch die des späteren Versicherungsvereins, sichtbar. Während die Bruderschaften ursprünglich den ganzen Menschen banden, ihn als ein soziales, wirtschaftliches und religiöses Wesen organisierten und es infolgedessen auch nicht zuließen, daß er mehreren solchen Vereinigungen angehörte, nahm am Ende des Mittelalters, zunächst bei den geistlichen Bruderschaften, die Möglichkeit zu, in mehreren von ihnen Mitglied zu sein".

Die Brakeler Annenbruderschaft ist – soweit ersichtlich – erstmals 1503 urkundlich überliefert. In diesem Jahr verkauft Kunne, die Witwe des Bertold Raven, eine Briefrente, die sie seit 1413 von den Asseburgern im Familienbesitz hatte. Der Verkauf geht „an den Eresamen Bernde Doren und Henrich Duweken in tor tydt (Zeit) vorstehende der Broderschop Sünte Annen . . .".

Eine weitere Nachricht stammt vom 26. Juli 1537. „Vor den Bürgermeistern Hermans Gerken und Erasmus Wippermann und den Ratmannen zu Brakell Henrick Engerlynges, Kämmerer, Herman Kolstockes, Jürgen Swalenberges, Johan Florken, Johan Roren, Henrich Duvels, Nolte Dronnemans d.J., Reneke Loer, Johan Duveken d.J. und Hans Snellen verkaufen Hans Ravens, Mitbürger, und seine Ehefrau Katherina an Johan Mergen und Johan Sanders, Vorständer der Annenbrüderschaft".

Im Urtext: „...in tho thydt vorstender der Broderschop sünthe Annen" für 7 Mark eine jährlich am Annentage fällige Rente von 6 zu Brakel gängiger Schillinge – „järliches tynse als vorgenannt up Sünthe annen Dag –" aus ihrem Hause im Weichbild Brakell in der Konnynckstrate zwischen den Häusern von Henrick Koppes und Adrian Rademeyger. Rückkauf mit vierteljährlicher Kündigungsfrist; die Hauptsumme ist der Stadt schoßpflichtig (steuerpflichtig).

Aber nicht nur im ökonomischen und finanziellen System der Stadt spielte die Annenbruderschaft eine Rolle. Junker schreibt, daß die Mitglieder zu besonderen Andachten und einem „gut gesitteten Familienleben" verpflichtet waren. Bei Prozessionen trugen sie einen grünen Mantel, ähnlich dem, welchen die Heilige auf den zahlreichen Altarbildern zu tragen pflegte, sicher auch auf dem berühmten Altar der „Berner Annenbruderschaft" der Maler, Goldschmiede, Münzer, Bildhauer, Glaser und Seidensticker. Er zeigte „auf den Innenflügeln die Begegnung Joachims und Annas... und die Geburt Marias..., die wichtigsten Stationen im Leben der heiligen Anna, die in den Städten derzeit die populärste Heilige war".

Annenbrünnchen

Vom *Annenbächlein gespeister Brunnen neben der *Annenkapelle. Das Wasser soll Hilfe bei Augenleiden gewährt haben. In der Überlieferung ist es ein Symbol für die Heilung von der Blindheit der Seele. Da der Brunnen auch den dabeiliegenden Hexenteich, den sog. Engerlingesteich (*Annenkapelle) mit Wasser versorgte, wo mit den beklagenswerten Opfern die Wasserprobe vorgenommen wurde, galt sein Wasser als mächtig, bei den Hexen eine Prüfung der Geister zu bewirken. Junker nennt als Ersterwähnung das Jahr 1719.

Annendienstage

Aus Anlaß der Entwendung des Mirakel-bildes (*Annenbildnisse) im Jahre 1750 eingeführte Novene, „die der Brakeler Bürgermeister Johannes Crux später mit einem Kapital von 200 Talern fundierte". Die Novene wird bis auf den heutigen Tag gehalten. Vom Lobetag bis zum Annen-fest finden jeden Dienstagabend unter Anteilnahme der Bevölkerung Gottes-dienste (Messen) in der *Annenkapelle statt.

Annenfeld

Alte Flurbezeichnung nordwestlich der *Annenkapelle, unmittelbar neben der Ostwestfalenstraße gelegenes Gelände. Wie aus den „Acta der Stadt Brakel betr. den Schaafhudeproceß wider den Grafen von Bocholtz-Asseburg zu Hinneburg" (beginnend 1806, endend 1834) hervor-geht, wird das Annenfeld in der ersten Hälfte des 19. Jahrhunderts als Schaf-weide benutzt. In diesem Prozeß klagen die Senatoren und Ökonomen Block und Crux sowie der Stadtkämmerer Ludovoci gegen den Grafen: „Daß das gräfliche Haus Hinnenburg zwar das Recht aus-übe, in dem vor Brakel gelegenen Sanct Annenfeld mehrere Schaaftriften ver-pachten zu dürfen", die gräflichen Herden aber den Bürgern den Weideplatz weg-nähmen. Nach einem Protokoll von 1705 habe der Graf 16 Schaftriften, die Bürger sieben. Von diesen 16 vermeiet der Graf auch welche an einige Bürger, betrachtet sie aber als seinen Besitz. Der Prozeß geht 1806 an den König von Preußen. 1821 schuldet die Stadt der Paderborner Gerichtskasse 60 Taler. Da nicht gezahlt wird, kommt es 1822 zur Vollstreckung der Kosten: Je 108 Thaler sind von jedem der beiden klagenden Stadtvertreter zu zahlen. Da Block und Ludovoci 1824 noch nicht gezahlt haben – offenbar können sie sich mit dem Ausgang des Prozesses zugunsten des Grafen nicht abfinden – werden ihnen 15 Mark Strafe auferlegt.

Annengasse

Alte Straßenbezeichnung auf der Brede. Die Gasse führt von der Straße „Im Win-kel", welche den Zugang zur Stadt regelt, als letzte nordwärts geradewegs auf die Klostertore der Brede zu. Beiderseits der Gasse liegen – entsprechend der spätmittelalterlichen Aufsiedlung des einst den Asseburgern gehörenden Be-sitzes – nur fünf kleinere Grundstücke.

Annenglocke

Gegenwärtige Glocke der *Annenkapelle. Sie erklingt im Ton h und ist 1957 vom „Bochumer Verein" auf Initiative von Brakeler Heimatfreunden gegossen wor-den.

St. Annahaus, St. Annenhospital

Soziale Einrichtungen in ehemaligen Brakeler Klöstern. Das St. Annenhospital richtete Graf Hermann Werner von Bocholtz-Asseburg 1830 im ehemaligen Bredenkloster ein, es war ein Waisen- und Armenhaus, das den Namen St. Annen-Hospital erhielt. Als Waisen- und Armenmutter waltete im St. Annen-Hospital die ehemalige Stiftskanonissin von Neuenhersee, Ludowine von Haxthausen, eine Freundin der großen deutschen Dichterin Annette von Droste-Hülshoff. Aus diesem Kreis wurde von den Brüdern Grimm das Märchen „Dat Mäken von Brakel" überliefert. 1853 übernahmen die Armen Schulschwestern das Armen- und Waisenhaus und bauten es zu einem Pensionat und einer Töchterschule aus.

Das St. Annahaus befindet sich im alten Kapuzinerkloster an der Ostheimer Straße, das 1981–83 zu einem Pfarrzentrum ausgebaut wurde. Im St. Annahaus werden psychisch Kranke betreut und rehabilitiert.

Annenprozession

Eines der wichtigsten Ereignisse, ja das zentrale religiös geprägte Geschehen am *Annentag. „Die Prozession zur Annenkapelle ist schon sehr alt. Schon zu Beginn des 16. Jahrhunderts werden große Pilgerscharen zur Annenkapelle gekommen sein, die dort viele Gaben opferten. Weshalb hätte sonst der Pastor Johannes Funke bereits 1513 dieserhalb eine Beschwerde an Papst Leo X. gerichtet. Die Leitung der Prozession zur Annenkapelle war durch eine Verfügung des Fürstbischofs Hermann Werner (1683–1704) dem Ortspfarrer zugesprochen."

Die Urkunde stammt vom 21. Juli 1700. Nach ihr sollte „für alle Zukunft am Feste der hl. Anna eine feierliche Prozession zur neuerbauten Annenkapelle" stattfinden. Als erster hat 1716 der Domkämmerer von der Lippe den Ortspfarrer in der Leitung ersetzt. Die Archidiakone des Brakeler Bezirks folgten später seinem Beispiel. Sie nahmen selbst an der Prozession teil oder schickten einen Kommissar. Ihnen mußte genauer Nachweis der Opferspenden vorgelegt werden.

Gegenwärtig unterliegt die Leitung wieder dem Ortspfarrer von Sankt Michael. Am Sonntagmorgen gegen 9 Uhr zieht die Prozession von der Michaelskirche zur Annenkapelle, wo eine feierliche Messe vor der Kapelle – genauer vor dem Vorbau – zelebriert wird, oft von einem Geistlichen aus Paderborn.

Annentag (Annenkirmes, Fickelmarkt)

Brakeler Volksfest kirchlichen Ursprungs. Die älteste Nachricht über den Annentag als einen hervorgehobenen Feiertag – damals noch der 16. August – stammt aus dem alten „Rats- und Bürgerbuch" der Stadt. In ihm findet sich zum 23. Juli 1498 folgender Vermerk:

„Nach Ausweis eines vom Propst und der Stadt besiegelten, bei den Priestern zu Brakel liegenden Briefes müssen diese jährlich am Oswaldtage Vigilien und Seelenmessen für Cord von Nedere d. J. und dessen Ehefrau Gertrud Rinssen und am Veronentag (3. Sept.) eine Memorie für Gertrud Rinssen und am Annentag eine Hochmesse lesen, wofür der Pastor 20 rheinische Goldgulden erhält".

Die Stifter haben demnach durch die Verpflichtung zur Hochmesse – sicher am Hauptaltar – dem Annentag eine besondere Bedeutung zugemessen. Zugleich erweist die Nachricht von 1498,

daß eine Rückdatierung des Annentages auf den 16. 8. 1481, wie sie 1981 anläßlich der Feier des 500jährigen Festes erfolgte, keine urkundlich gesicherte Grundlage hat, wohl aber auf einem Rückschluß von großer Wahrscheinlichkeit beruht. Denn die Ersterwähnung eines Ereignisses ist natürlich nicht immer identisch mit seinem ersten Auftreten.

Gesichert ist die feierliche *Annenprozession von 1700–1784. Sie fand zunächst am 26. Juli, später am ersten Sonntag im August statt. Die Annenkirmes dürfte dagegen wohl erst nach 1755 eingeführt worden sein. Damals wurden die bisherigen vier Märkte aufgehoben und auf den Annentag verlegt. Dazu schreibt Junker: „Kirchweih für die Pfarrkirche ist zwar St. Michael, aber seitdem der alte St. Michaelsmarkt auf den Annentag verlegt ist, ist dieser der eigentliche Kirmestag". Auch diese Institutionalisierung darf nicht dazu verleiten, den früheren Annentagen das sog. „weltliche Treiben" ganz abzusprechen. Denn bei den gut besuchten gottesdienstlichen Veranstaltungen des 16. Jahrhunderts galt es natürlich auch, die auswärtigen Pilger zu verpflegen.

Annentagsempfang

1971 von Rat und Verwaltung eingeführte
Veranstaltung am Annentag-Montag.
Der Empfang, zu dem Vertreter des
öffentlichen Lebens eingeladen werden,
fand zunächst in der Stadthalle, dann im
Ratskeller, jetzt in der „Alten Waage"
statt. Er beginnt offiziell um 11 Uhr vor-
mittags, kann sich aber im inoffiziellen
Rahmen der Kirmes – meistens in „Tegetmeiers Garage" – bis in den Abend hin-
ziehen, je nachdem, was sich Gastgeber
und Gäste zu erzählen haben.

Annentagslotterie

1969 durch die Fördergemeinschaft Brakeler Kaufleute eingeführte Veranstaltung. Man kann Preise bei einem Ballon-
wettbewerb gewinnen, daneben laufen
ein Flohmarkt und ähnliche Veranstaltungen.

fsb-Test des tabu

Brakeler Bürger im Urteil der Schausteller / Hähnchen und Waffeln, Schießbuden und Lukas-Schläge sehr beliebt / Auch Toilettenwagen beidgeschlechtlich hochfrequentiert / Kampftrinker-Hemden sind der Hit / Popcorn und Super-Fix-Schwämme im Nethegau ohne Chancen „zu modern", sagen die weitgereisten Menschenkenner.

tabu. BRAKEL, 6. August 1991. Zu überaus aufschlußreichen Ergebnissen kam das Team Annentagsbuch (nachstehend tabu genannt) bei seinen Recherchen über „besonders ausgeprägte Faibles, Sehnsüchte und Bedürfnisse" (nachstehend fsb zitiert) der Brakeler Bürgerschaft. In den heißen August-Annentags-Tagen 1991 wurden bei einer fast repräsentativen Umfrage unter erfahrenen Schaustellern Vorlieben und Neigungen beim Kauf an Jahrmarktständen erfragt und besonders frequentierte Fahrgeschäfte ausfindig gemacht. Die Detailergebnisse liegen nunmehr vor. „Eine pseudowissenschaftlich hochinteressante Arbeit", lobte beim Erscheinen das nichtexistente „Internationale Forschungsinstitut für Jahrmarktfragen" im niederdeutschen de Baakel.

Besonders signifikante Umfrageresultate erhält tabu im kulinarischen Sektor. „Auf Hähnchen, da warten die Leute hier richtig drauf", verriet die Chefin einer Grillstube. Schlechter sei es, im Gegensatz zu anderen Städten, in Brakel um Bratwürste bestellt, die machten sich die Leute bei Grillpartys wohl lieber selbst. „So Sachen aus'm Fett, das mag der Brakeler nicht", weiß eine erfahrene Friteusen-Fachkraft. Ganz schlecht, so war an einem Bräter-Stand am Thy zu hören, seien Pommes allein, die gingen nur mit einer besonderen Wurst oder Schaschlik oder Schnitzel, „die Leute wollen sich ja mal richtig was gönnen."

Der „China-Town"-Imbiß hatte recht magere Kost und Umsätze. Jahre dauere es, so der enttäuschte Inhaber, bis die Leute an seinen Stand kämen, „ist wohl noch zu neu hier: chinesisch". Er bemühte geschichtliche Zusammenhänge, „damals", wird er zitiert, „als das mit den Pilzen angefangen hat", sei es „ähnlich schleppend vor sich gegangen". Erstaunt dagegen berichtete ein rheinischer Beschicker: „Rievkooche jehn überraschend juut", womit er Reibekuchen meinte, und interpretierte, das müsse an den Kartoffeln liegen, die in bäuerlicher Umgebung stets zu den wohlbekannten Hauptnahrungsmitteln gehörten.

In so unterschiedlichen Jahrmarktbranchen wie Gewürzstand und Süßigkeitenbuden ließen sich obige Ergebnisse – im Forscherjargon „kulinarischer Konservatismus" – verifizieren. Paprika (edelsüß) und Pfeffer (grün) gingen sehr gut, hieß es auf dem Fickelmarkt, auch noch Früchtetees und mit Abstrichen Heilkräuter. Frischer Knoblauch sei schon schwieriger, ausgefallene Kräuter blieben liegen. Waffeln in der Riesentüte (16 Stück fünf Mark) seien, solange es nicht zu heiß sei, immer schon ein Hit in Brakel, sagt ein Zuckerbäcker; Salziges wie Brezeln ein Flop bei jedem Wetter: „Die bring ich erst gar nicht mit." Ein anderer schwört auf Mandeln aller Zubereitungsart („Das mögen die hier irgendwie total"). Popcorn dagegen sei eine Katastrophe: „In Paderborn stehen die Leute dafür Schlange, den Brakelern ist das wohl zu amerikanisch."

Von den Fahrgeschäften, die weitgehend von zufriedenstellenden Umsätzen berichteten (Riesenrad-Mitarbeiter: „Die Leute hier wollen hoch hinaus"), waren die Kinderkarussells mit Ausnahme des weihrauchbesprenkelten – siehe weiter vorne – besonders hoch frequentiert. Sagt etwa der Inhaber der „Biene Maja": „Die Menschen hier legen großen Wert auf Sauberkeit. Und auf Ordnung. Und haben immer Geld für ihre Kinder." In der Tat: Sein Fahrgeschäft war meistens voll. Und die Kleinst-Brakeler krakeelten vor Freude und Glückseligkeit.

„Ein sehr guter Platz für Schießbuden", sagt ein Mann hinter der Knarre, und das vielfache Jauchzen vom vielfachen Knallen bestätigt seine Worte sofort. Auch der Lukas wird gern gehauen – „viel besser als in anderen Städten", erzählt einer nach 15 Jahren Erfahrung, „der Vergleichskampf unter Freunden" sei sehr beliebt in Brakel und „es ist hier auch keine Schande, wenn einer mal danebenhaut".

Im Bereich der Volksmusik verkaufen sich die „Wildecker Herzbuben" sehr gut. „Alpenländisches geht überall, nur hier nicht", sagt die Plattenverkäuferin, „die Brakeler sind sehr heimatverbunden und fragen immer nach Weserliedern."

Losbuden: Oberes Mittelmaß – „ein ruhiges Publikum, auch bei Nieten", heißt es.

Hit aber sind die „Kampftrinker"-Hemden, die gingen wahnsinnig, sagt ein Textilfachmann, und ziemlich gut auch schwarze Socken, was er aber nicht politisch zu werten geneigt war.

Der Marktschreier für „Super-Fix-Schwämme" indes wagte eine Interpretation: „Ganz ehrlich, meine Produkte gehen hier schlecht wie sonst fast nirgendwo. Die Leute sind skeptisch und superkonservativ, finden alles Neue zu modern. In SPD-Gemeinden sind die Leute viel aufgeschlossener." Dabei gehen die Brakeler bisweilen durchaus mit der Zeit: Der rauschebärtige „Holzkunst"-Händler berichtet zwar einerseits von Brakel-typischen Riesenumsätzen bei Gartenzwergen („Ich habe noch zu wenig mitgebracht"), andererseits aber auch von gutverkauften, modernen Holztexten. „Hier arbeiten nur ausgesuchte Arschlöcher." Das sei doch, lacht er, sehr lustig. Zwei Damen kaufen gerade den Spruch „Lieber Ratten im Keller als Verwandtschaft im Haus" – das sei Humor, sagt eine, „wir sind nämlich zwei Annentagsbasen, gerade hier auf Besuch."

Erschüttert erzählt ein Mitarbeiter des tabu von seinen Rechercheversuchen über den Bierkonsum. Auf alle seine Fragen, ob Brakeler gerne Bier trinken, sei er stets „verhöhnt und ausgelacht" worden und habe sogleich eins angeboten bekommen. „Dabei wollte ich doch nur exakt arbeiten, ohne vorgefaßte Meinungen", ist er noch heute beeindruckt von der hopfigen Konsumlust, „aber Geiz und Hemmungen kennen die Brakeler beim Annenfest sicher nicht, vor allem nicht, wenn es um so etwas Bierernstes wie das gemeinsame Trinken geht."

Wegen der hohen Flüssigkeitsumsätze kann auch das letzte tabu-Ergebnis wenig überraschen. Der Vorsteher des Toilettenwagens, seit 25 Jahren in Brakel dabei, nennt die kleine Stadt „einen meiner umsatzstärksten Plätze". Dafür verantwortlich, sagt der Geschäftemachen-Geschäftemacher, seien vor allem die Männer, „die gehen hier in Brakel nicht so ins Gebüsch wie anderswo".

„Der Durchschnittsbrakeler ist", so die
Abschlußanalyse des tabu, „sauber,
trinkfest, eßorientiert, geschmacklich
schwankend, kinderlieb, erlebnisfreu-
dig, im Zweifelsfall aber konservativ und
vorsichtig."

Selbst auf die Zukunft will man sich
verlassen können. Die sehr dicke und
sehr freundliche Wahrsagerin in ihrem
sehr spirituellen Wohnwagen zeigte sich
„sehr zufrieden". In Brakel habe sie 80
Stammkunden, denen sie das Morgen
prophezeit. „Brakel ist immer sehr gut",
sagt sie.

Und hat sicher, zumindest annentags-
mäßig, eine sehr gute Zukunft, schluß-
folgert tabu in seiner bemerkenswerten
Studie.

Rasselnde Nostalgie

Kettenkarussell – das ist rasselnde Jahrmarkt-Nostalgie. Simple Technik, ohne viel Schnickschnack, immer im Kreis herum, mit leichtem Wellenschwung. Ganz einfach, und ganz einfach toll. Hier, am betagten Gefährt, das sich fast schon ein halbes Jahrhundert dreht, ist das Grellbunte noch völlig authentischer Kitsch, nicht die immergleiche Imitation wie bei vielen modernen Fahrgeschäften. Der Wellenflug macht uns vor, wie Kirmes einmal war.

Und die Leute lieben die Lust an den gewellten Runden, immer im Schwung, rundherum. Hier wird gekreischt, geschrieen, gebrüllt – meist einzeln, oft aber auch gruppendynamisch im Chor, wenn einer nur mitreißend genug anfängt. Die Beine fliegen fast bis in die Amtsstube des Stadtdirektors. Schuhe können vorher abgegeben werden. Und hier wird noch offen und – soweit das von unten mit verrenktem Kopf beurteilt werden kann – noch ganz spontan geknutscht, nicht verklemmt-gezwungen wie bei den Raupen, wo schließende Verdecke den Takt angeben.

Auch ein Kettenkarussell muß mal zum TÜV. Aber auch die detektivischsten Ingenieure können nicht alles sehen – und schon am ersten Abend bricht dem Sauserund oben eine Verzierung ab. Die kracht zu Boden. Alle lachen, als hätten sie es erwartet bei ihrem Vergnugungs-Oldie. „Zugabe" ruft einer.

„Zugabe" rufen sie alle am letzten Abend. Immer wieder aufs neue. Es ist längst nach Mitternacht, schon mehrfach war die letzte Fahrt angekündigt worden. Woanders wird schon abgebaut. Am Wellenflug wird noch um Chips gebettelt.

*Dienstag, 6. August 1991,
0 Uhr 53 MEATZ:*

Das Kettenkarussell beendet seine letzte Schleuderrunde. Jetzt gibt es kein Pardon mehr. Kettenmeister Bernie Lemoine und Mitarbeiter beginnen einzupacken. Am nächsten Morgen, gegen 10 Uhr, bei der Schlußbesprechung der städtischen Organisatoren sind sie immer noch zugange, völlig durchgeschwitzt, übermüdet, ohne einen Wimpernschlag Schlaf. Die Zeit drängt. Am Abend schon müssen sie in Essen sein: aufbauen, damit es auch dort rundgeht.

Der Bier-Baronn und andere Brakeler Porträts

„Baronn" sagen in Brakel alle über ihn, weil er mehr ist als einfach ein Baron. Elmar Freiherr Spiegel von und zu Peckelsheim, so der exakte Titel, wohnt in Brakel-Rheder im Schloß Rheder, gleich hinter der Brauerei Rheder, wo das würzige Schloßbräu Rheder komponiert wird, von dem es heißt: „Es lobt und schmeckt ein Jeder / das gute Pils aus Rheder."

Der Baron ist Inhaber der Brauerei und somit einheimischer Hauptversorger mit dem hochgeschätzten Gerstengetränk. Das alte Schloß ist ein wunderbar unaufgeräumtes Schmuckstück, vom wohnlich chaotischen Charme des gestoppten Verfalls gezeichnet, äußerlich vermoost und verflechtet und in seiner überschaubaren Kompaktheit zur Freude von Frau Baronnin „eben nicht so eine monsterhafte Burg". Im repräsentativen Innern hängt wändeweit die altehrwürdige Ahnengalerie, und gleich über einem der Vorfahren baumelt ein Mickymaus-Luftballon vom Annentag. Es ist das Lieblingsutensil des jüngsten Familiensprosses mit Namen Ferdinand, heute 3,5 Jahre alt. „Seit 200 Jahren der erste Sohn des Hauses", weiß der stolze Vater zu berichten. Mit seinem tatkräftigen Dazutun brachte E.F.Sp.v.u.z.P. (52) alle Kritiker zum Verstummen, die über seine erbrechtlichen Visionen lästerten.

Am Annentagssonntag anno 1991 stand der Baronn unter einem gelb-weiß, also pilsfarben gestreiften Sonnenschirm Rede und Antwort:

„Wenn die Stadt jetzt wieder dem Suff verfällt, fühlen Sie sich verantwortlich?"

„Ach, nein, es sollte nicht so ausarten, aber ich mache da ja selbst gerne mit, morgen zum Beispiel, am Montag.

Wieviel wir an den Annentagen umsetzen, ist ganz schwer zu schätzen, aber einige Hundert Hektoliter Rheder-Pils sind es sicher, ganz vorsichtig kalkuliert."

„Wieviel machen Sie so insgesamt im Jahr?"

„So etwa 30 000 Hektoliter, doppelt so viel wie noch vor 15 Jahren. Wir haben ein Absatzgebiet von rund um den Schornstein – so nennen wir das –, also im ganzen Kreis Höxter. Dazu jetzt auch etwas in den neuen Gebieten, bei Leipzig, wo unsere Familie ein Gut hatte."

„Waren Sie schon mal so richtig sternhagelvoll?"

„Aber mit Sicherheit passiert das ab und an. Ich denke nur an den Annentag und die vielen Schützenfrühstücke."

„Und einen Kater kennen Sie auch, diese Kopfschmerzen danach?"

„Ja natürlich, aber nicht von unserem Bier. Ob es an anderen Sorten lag, will ich nicht behaupten, eher kommt das vom Schnaps, von den verrauchten Kneipen."

„Wenn Sie nun, nur mal angenommen, einen Leberschaden hätten…"

„Oh, kein Bier mehr, das wäre schlimm. Aber dann würde ich lieber Wasser trinken als dieses alkoholfreie Bier. Das ist eine ganz lasche Sache, das hat doch gar keinen richtigen Geschmack. Obwohl wir jetzt auch den Husarentrunk brauen. Man muß da mit der Zeit gehen."

„Wie ist denn so ein Leben als Baron und Brauer?"

„Ach, das ist auch hektischer geworden, kommerzieller, nüchterner, unpersönlicher. Es wird mehr gepokert, und der Kampf am Markt ist härter geworden. Früher war ein Wort eben noch ein Wort."

„Warum nur sagen alle Leute ‚Baronn' zu Ihnen. Wissen Sie's?"

„Ja, das kommt aus der Geschichte, vom Onkel her. Der war ein sehr volkstümlicher Mann. Am Telefon sagte der immer: ‚Guten Tag, hier ist der Baronn.' Da wußten alle Bescheid."

„Aber Sie sind auch ein volkstümlicher Mann…"

„Die Art von meinem Onkel kann man nicht nachmachen. Aber auf meine Art bin ich es vielleicht auch, mag sein…"

Heinz Gröger, 65 Jahre

Auch die Armen Schulschwestern von
unserer Lieben Frau (Kloster Brede)
haben Annentagsbasen zu Besuch:
Schwestern Raimundis, Michäa und
Ulrike aus Arnsberg, zusammen ca.
199 Jahre

Wilhelm Oeynhausen, 60 Jahre

Sonja Verena Köhler, 15 Jahre

Wilfried Gawandtka, 42 Jahre

Samstag, 3. August 1991,
16 Uhr 11 MEATZ:

Wilfried Gawandtka, städtischer Annen-
tags-Marktmeister und rheinische Froh-
natur mit gelegentlichen Anpassungs-
schwierigkeiten im Westfalenland, Alter
42, Gewicht: 125 („Kilo nicht Pfund", wie
er kokett betont), greift erstmals aktiv
ins Kirmes-Geschehen ein. Nach Auf-
blasen eines Luftballons (vergleiche
Bild) und mühelosem Zerplatzenlassen
desselben durch erwartet große Lungen-
kapazität demonstriert der Achteltonner
seine ganze Kraft beim donnernden
Faustschlag auf das Polster eines „Hau
den Lukas". „Unterernährt" ist das viel
bewunderte Ergebnis...

Giovanni Cassara, 36 Jahre

Walter Kreimeyer, 59 Jahre

Hexe und Susi von der Hinnenburg

Marianne Nüsse, 59 Jahre

Bernd Franke, 44 Jahre

Margret Reineke, 59 Jahre

SBH Kolonel Francois van Steenlandt, 46 Jahre, mit Kriegsgerät.

andere. Aber das fachfrauische Auge der Alten ist unbestechlich: Bei den meisten Hühnern seien die Schnäbel zu weit zurückgeschnitten. Wie dann das Korn ins Huhn kommen solle, fragt sie. Ja, und wie denn ohne Korn ein sattes, gesundes Huhn daraus werden solle. Und wo denn dann, bitte schön, die Kraft zum Legen bliebe. Und darum halte man doch Hühner – legen sollen die doch. Eine glasklare Argumentationskette, der sich der Händler beugt.

Nach langen Verhandlungen trägt die kluge Frau ihre zwölf Auserwählten von dannen.

Zwölf Hühner finden eine Glucke

Auf dem Fickelmarkt ist montags in aller Frühe die gerade Linie abhanden gekommen. Statt dessen präsentiert sich der Kreidestrich in brakeslesken Kurven gewunden. „Heinz", wird Heinz von seinem städtischen Kollegen lautstark gemahnt, „Heinz, nicht so im Bogen." Der Kalkwagen rattert, und Heinz gibt sich alle Mühe, die Bögen so gerade wie möglich zu machen.

Verkehrt auch der alte Name: Fickelmarkt heißt Ferkelmarkt – doch die Ferkel des Jahrgangs 1991 haben meistens Federn und Schnäbel. Es dominiert die geflügelte Ware. Gänse, Enten, Hähne, allerlei flauschige Küken. Neben Zwerghühnern höchstens mal ein Riesenrammler. Schwein gehabt gilt für den Fickelmarkt nicht mehr.

Der städtische Kassierer verlangt pro Tier einen Groschen Standgebühr. Ergün,

ein türkischer Schüler mit seinem Hobbystand, findet das sehr viel. Schließlich will er doch sein Taschengeld aufbessern und nicht ausgeben. Auch findet er es ungerecht, daß die Großhändler mit ihren Autoladungen voll Flattertieren nur geschätzt werden (zu niedrig) und im Stückpreis viel günstiger liegen als er. Ergün hat immerhin 25 Tiere von der Pekingente bis zum Kaninchen und ein halbes Geflügel dazu: Kraftlos liegt ein Küken im Stroh. Hilflos und rührend besorgt ist er: „Was mache ich nur mit dem armen Tier?" Ein Bauer gibt fachkundigen Rat: „Totschlagen." Ergün ist entsetzt.

Nebenan wird ein Hühnertäuscher entlarvt, als eine alte Frau ein Gelege im Hahnengehege entdeckt: „Das Ei", klagt sie weithin hörbar, „hat dieser Kerl selbst da reingelegt."

Am Tresen beim Marktanfang bestimmt Bier statt Tier das Geschehen. Viele schaffen es ohnehin nicht weiter. Lallend und mit den komischsten Verrenkungen bemühen sich diejenigen Männer, die bei der Endverteilung der Geschlechter für diese Nacht übriggeblieben waren, bei den letzten weiblichen Antipoden Hahn im Korb zu werden. Vergebliche Balzerei, wie es scheint.

Wohl aber finden zwölf Hühner eine neue Mutter. Wählerisch und bisweilen mißtrauisch wägt die Bäuerin die flatternden Geschöpfe ab. Nein, dies nicht, das auch nicht. Höchstens das da. Für jeden Laien sieht ein Huhn aus wie das

Montag, 5. August 1991,
8 Uhr 45 MEATZ:

Durch wegweisendes Verdauungs-
Marketing versucht ein Händler auf dem
Fickelmarkt, seine Produkte anzupreisen
und gleichzeitig den alten Namen des
Marktes mit neuem Leben zu erfüllen:

„Leute, kauft die Tortenringe,
sind die schönsten aller Dinge –
drückt euch schnell die Torte rein,
dann könnt ihr .....ßen wie ein Schwein."

Brakels Top 100

Die oberen Zehntausend gibt es in Brakel nicht – nein, das machte keinen Sinn, streng numerisch jedenfalls. Denn dann wäre ja fast jeder Brakeler ein VIP und kaum einer mehr ein Gemeiner in der Gemeinschaft der Gemeinde. Aber immerhin eine gehobene Hundertschaft gibt es, und die machte dem traditionell montäglichen Annentagsempfang im Sitzungssaal der Alten Waage ihre Aufwartung. Brakels Top 100.

Bei diesen Herr- (seltener Damen-)schaften handelt es sich um sehr gesellige Menschen. Sie schütteln sich mit Ausdauer die Hände, und dazu legen sie auch mal die mettwurstbestrichenen Brötchenhälften zur Seite und stellen auch mal die Sektkelche ins Eck. Sie klatschen artig, wenn alle klatschen, besprechen Wichtiges und weniger Wichtiges mit Ausdauer und prosten mit Wonnen auf das Wohl des anderen. Wenn der Bürgermeister spricht, nehmen sie eine würdige Haltung ein und lauschen mit einer Andacht, die nur dem reinherzig Gutgläubigen zu eigen ist. Und wenn der Fotograf sie zur Kehrtwende bittet, zeigen sie dem anwesenden belgischen Offizierskorps, was vorbildlicher Gehorsam ist, und posieren lächelnd in Kompaniestärke.

„Die Fröhlichkeit ernst nehmen" hatte der Bürgermeister als Parole ausgegeben. Und er hatte unter Beifall bekundet, niemals im Leben habe er gehört, „daß sich jemand erdreistet hat, die Institution des Annentages in Frage zu stellen", schließlich genieße das Fest „eine gewisse Art geistigen Denkmalschutz". Er erklärte die Zukunft mit weiser Voraussicht für ein „im weitesten Umfange unbekanntes Gelände", verwahrte sich gegen „politische Maultaschen, die den Denkmechanismus hemmen", und wetterte gegen die politischen Gegner, die weniger christlich und demokratisch als er „wirtschaftliches Wachstum mit Unmoral und Sündhaftigkeit verbinden". Dann legte er den Schafspelz ab und nutzte die gutgelaunte Stimmung, um Gebühren-, Abgaben- und Steuererhöhungen anzukündigen.

Montag, 5. August 1991,
0 Uhr 39 MEATZ:

Am „Fliegenden Teppich" fliegen die
Fäuste. Eine Gruppe von Schaustellern
schlägt sich, so deuten es später Zeu-
gen, aus unerfindlichen Gründen mit
einer Rocker-Gang. Als die eilends alar-
mierte Fotografencrew des tabu am
Tatort eintrifft, haben die Störenfriede
schon das Weite gesucht.

Montag, 5. August 1991,
11 Uhr 11 MEATZ:

Bürgermeister Wolff verkündet auf dem
Annentagsempfang: „Nachweislich ist
beim Annenfest noch niemand zu größe-
rem Schaden gekommen." (Der Zusatz
„außer zu einer Heirat" in seinem Rede-
manuskript ist im letzten Moment ge-
strichen worden.)

Mittwoch, 7. August 1991,
ab ca. 5 Uhr MEATZ:

Das Westfalenblatt erscheint. Unter der
Überschrift „Prügelei um ein Mädchen"
heißt es: „Ein unrühmlicher Abschluß:
Wegen eines Mädchens gerieten in den
frühen Morgenstunden (des Dienstags)
ein 23jähriger angetrunkener Brakeler
und mehrere Jugendliche aus dem
Schaustellergewerbe aneinander. Mit
unterschiedlicher Tatbeteiligung wurde
auf den 23jährigen eingeschlagen.
Die Rowdys ließen den jungen Mann
bewußtlos liegen. (...) Bei dem Opfer
besteht zur Zeit keine Lebensgefahr
mehr."

Der große Durst

Ein deutscher Mann ohne Stammtisch ist wie ein Rassehund ohne Stammbaum. In prächtiger Stimmung wird der gelbe Saft aus Stiefeln genommen – außer in Fässer geht nirgendwo mehr rein, und sehr gesellig ist es auch: Je trunkkünstlerischer man ist, desto mehr zahlen die anderen. Besonders erquicklich ist es, wenn man sich so gut versteht wie am Stammtisch „47/48", dessen Name die Geburtsjahrgänge seiner Gründungsmitglieder bezeichnet. Ins Leben gerufen wurde der 47/48er anno 1969, kaum also, daß man volljährig und somit offiziell wirtschaftstauglich geworden war.

Nicht jeder Bierfreund wird aufgenommen. Peter Bornefeld-Ettmann, der Schwager des hier mehrfach abgelichteten vorsitzenden und vortrinkenden Stammtischschöpfers Udo Kleinschmidt, erklärt, er habe es als 53er besonders schwer gehabt: 80 Prozent Zustimmung der Stammtischler seien notwendig gewesen, „wie im Lions-Club" sei das, und die Aufnahme habe ihn „einiges gekostet" (Argumente?, Runden?). „Ich bin dann aber glatt durchgegangen, mit nur einer ungültigen Stimme, und die war von einem, der schon dune war."

Seitdem darf auch B.-E. bei der allsonntäglichen Annentagsnachlese dabeisein, wenn man sich bei Tegetmeier zum Vollzug des Existenzzweckes trifft. Dann wird gesungen, und man vergißt auch nicht das weibliche Geschlecht. Inbrünstig choralen dann die Chauvis von heute über die Liebesbedingungen aus vergangenen Zeiten (den genauen Text wollten wir den Lesern und Leserinnen nicht zumuten).

Die Jugend hat andere Riten. Schon am Freitag trifft man sich zum „Rock vor Annentag" in den Zelten. Krachend laute Musik, unter anderem von den Warenhaus-Kuhjungen, peitscht den Nachwuchs in Schweiß. Alles tobt, tanzt, taumelt. Die Holzdielen schwingen im Takt der Schritte, und die Boxentürme schwanken bedrohlich mit. Marius Müller-Westernhagen stimuliert am heftigsten. Und zum AC-DC-Takt jumpen einige Bühnensurfer mit Anlauf sicher in das enge Tanzgebrodel. Kunstgenuß der jungen Brakel-Generation, die im Jahre 2020 in einem anderen Festzelt, wie schon heute ihre Eltern, walzern wird.

In der Diskothek Starlight geht derweil
der Melkexpress ab: Die Milch ultrahoch-
erhitzt, die Kühe falsch, die Kandidaten
ziemlich besoffen, aber echt. Wettmel-
ken. An Gummiwülsten wird gequetscht
und gefummelt. Kompromißlos dämlich
und dreist frauenfeindlich kommentiert
von einem Mikrofon-Dauerquatscher.
Spät in der Nacht hat einer mit 1,6 Litern
Milch in einer Minute gewonnen und darf
sich jetzt Obermelker Brakels nennen.
Dann wird die Milch durch Bier ersetzt.
Die Eimer werden durch großbäuchige,
besonders peinliche Manns-Exemplare
ersetzt, in deren Schlünde direkt hinein-
gezapft wird. Das ist wohl eine besondere Gaudi und Gabe, einem jeden
Manne eine ganz besondere Befriedigung. Meßergebnisse liegen nicht vor.

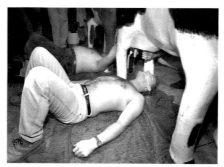

Menschen suchen Menschen: Neue
Zweisamkeiten werden gesucht im
Rausch von akustischen, flüssigen und
inhalierten Drogen. Die zwischenmensch-
lichen Riten sind einfach und doch wieder kompliziert. Ergreifende Momente.
Viele Griffe und Greiftechniken sollen
zum Ziel führen. Manche Verrenkung
erstarrt zum graphischen Standbild.

bildet sich im Garten eine große Runde zum Champagnerfrühstück, das bis zum Abend dauert und die richtige Grundlage für weitere Vorhaben ist.

Schwer wird es bisweilen am frühen Montagmorgen. Lebende Alkoholleichen, vorwiegend Jugendliche, wanken und torkeln unter abenteuerlichen Verrenkungen durch die Gastwirtschaft „Holiday". Andere halten Stuhl und Theke fest, legen das Haupt in Bierseen und rülpsen sich in minutenlangen Zwischenschlaf. Manche grölen, manche lallen – ganz nach Personlichkeitsstruktur. Noch 'ne Runde. Noch eine. Stell' Dich nicht so an. Los. Bloß keinen Kaffee, keift eine blonde Frau, das sei schlecht auf Bier, der Arzt habe davon abgeraten.

Die Flirtversuche einiger Jungmänner funktionieren nicht mehr, die Zunge ist wie gelähmt. Aber solange sie alle hier

Drei Tage schon läuft das Bier. Pausen werden so kurz gehalten wie möglich – schlafen kann man noch den Rest des Jahres.

Brakeler Annenregel Nummer 1: Entscheidend ist die Konstitution am Montagnachmittag. In die Wertung kommt nur, wer des Morgens direkt aus der Kneipe zum Fickelmarkt kam.

Annenregel 2: Man darf nie wissen, ob man noch trinkt oder schon wieder. Tag und Nacht sind eins.

Jeder hat seine eigenen Aufgaben und Durchhalterituale. Ein Student auf Heimaturlaub erklärt, man müsse das Annenfest „unter sportlichem Aspekt sehen". Bedeutet: An einem Tag alle Bierbuden und Kneipen schaffen. Woanders werden kollektive Knoblauch-Exzesse gefeiert, und weil der so brennt, schütten sie literweise lindernden Himbeergeist hinterher. Beim Apotheker

Montag, 5. August 1991,
20 Uhr 55 MEATZ:

Michael Wolf, Fotograf des Teams Annentagsbuch, entgeht zum dritten Mal um
Haaresbreite unangenehmen Handgreif-
lichkeiten. Zweimal zuvor hatte ihm
wegen mißbräuchlicher Äußerungen
Ungemach durch Brakeler Ehemänner
gedroht. Nun kündigte ihm eine zuge-
geben zwielichtige Gestalt Prügel und
Hammerschläge auf die Kamera an,
falls er nicht augenblicklich das Foto-
grafieren einstelle und den Film ablie-
fere. Wolf tat angesichts klarer körper-
licher Unterlegenheit wie geheißen –
fast jedenfalls –, als er mit zauberer-
schneller Hand zwei Filme vertauschte
und dem Streitsuchenden einen leeren
Film gab.

Das belichtete Filmmaterial kommentierte später ein eingeborener Brakeler
mit den erleichterten Worten: „Der Typ
ist nicht von hier, solche Gestalten gibt
es in Brakel nicht."

Wolf versprach fürderhin Zurückhal-
tung im Umgang mit neuen Bekannt-
schaften, ein Gelübde, das er bis zur
Fußwaschung des weiblichen Personals
eine halbe Nacht später in der „Meierei"
auch einhielt.

herumlungern, stellen sie wenigstens
nichts Schlimmeres an. Ein Jugendlicher
holt sich noch einen halben Liter und
erzählt kopfschüttelnd, zu Hause halte
seine Oma jetzt schon den Kakao warm,
weil sie glaube, er liege im Bett und
stünde bald auf. Um 6 Uhr 21 spuckt der
Zigarettenautomat die letzte Schachtel
aus. Drei Minuten später geht ein Schrei
durchs Bierbrakel: „Der Bäcker, der
Bäcker." Gegenüber ist die Hefe auf-
gegangen und endlich auch die Laden-
tür. Frische Brötchen! Im Dutzend fallen
die Hungrigen ein. Und jetzt, sagt einer,
„gehen wir zum Fickelmarkt, Schweine
ärgern". Weil keine da waren, haben
sie dann mit dem Bierstand vorliebge-
nommen.

Honoratioren und Prominenz saufen
des Mittags in Tegetmeiers Abfüllhallen.
Noch nach Stunden hat der „Baronn"
trotz brütender Hitze als einziger seinen
Schlips um (Pferdemotiv) und trägt als
einziger ein Jackett (Dezentmuster).
Das alkoholische Deb(r)akel nimmt seinen Lauf. Tags darauf melden die Apotheken Rekordumsätze an Kopfschmerz-
tabletten. Aber schön war's.

Paarungen

Alles spricht, wenn es denn schon sein soll, fur das Hochzeitsfest am Annen-tage. Das hat viele Gründe.

Reisebedingt: Die werte Verwandt-schaft, all die fernen Cousinen und Enkel und Opas und Onkels, die Tanten und ihre Trabanten, erweist der Familie ohne-hin die Ehre eines Besuches – da läßt sich praktischerweise gleich doppelt feiern. Zudem ist die Gründung einer weiteren Familie ein passendes Signal für eine große Zukunft des Familienfestes.

Jahreszeitenbedingt: Hochsommer ist Hochstimmung – warum nicht gleich auch Hochzeit –, dies ist eine Lehre aus der Statistik, nach der sommers, wenn alle Gefühle gerade voll erblüht sind, stets und überall mehr geehelicht wird als winters, wenn herbstliche Tristesse die Herzen lähmt.

Vergangenheitsbedingt: So manche Brakeler Liaison, das lehrt die Geschichte, nahm annentags ihren Anfang. Manche wollen dem Glück mit einer Spur Aberglauben eine zusätzliche Grundlage geben oder sich den ersten Kuß, die erste Nacht von Amts wegen noch nachträglich beurkunden lassen.

Zukunftsbedingt: Das annentägliche Ja fürs Leben verhindert, wie kaum ein anderes Datum in Brakel, daß die nunmehr bis ans Ende aller Annentage füreinander Versprochenen fürderhin niemals den eigenen Hochzeitstag vergessen. Schließlich wird er zukünftig jedes Jahr per Plakat angekündigt.

Am liebsten würden viele – wenn schon, denn schon – am Montag den Ring überstreifen. Da spielt aber die Stadtverwaltung nicht mit, wie die Standesbeamtin, Ursula Falk, erklärt. Denn trotz halbtägiger Öffnung aller Ämter sei doch zuviel Trubel – annentagsbedingt, versteht sich. Eine Ausnahme gab es nur am 8.8.88 – ausgerechnet ein Annentagsmontag –, als auch das Brakeler Standesamt wegen der gleichartigen Zahlenfolge eine Ausnahme machen mußte und sieben Paare getraut wurden. Laut Hörensagen machte das achte Paar wegen der Achterinflation vor der Schwelle des Standesamtes kehrt...

Bezüglich Scheidungen – inklusive Scheidungsgründen – gibt es, soweit bekannt, in Brakel keine besonderen Präferenzen für das erste Augustwochenende.

Annentagsbasen

Annentagsbasen sind alle Verwandten, die annentags zu Besuch kommen. Die Base gilt dabei als Oberbegriff für alle Arten von Verwandtschaft, beidgeschlechtlich und alt wie jung. Also sind auch Urgroßväter Basen, Vettern sind Basen, genauso wie Schwiegerväter und Säuglinge, ob zartrosa oder himmelblau gewickelt.

Und diese Feiertags-Basen kommen in reichlicher Zahl, Jahr für Jahr. Dann entstehen Groß-Familien, drei- bis fünfgenerationig, und mancherorts sieht man Zelte in Brakeler Vorgärten, in die die Jugend ausquartiert wurde, damit die Basen auch alle hausintern gebettet werden können. Die Basen von nah und fern sind die Basis der Familienfeste. Drei solcher Brakeler Basen-Basen sind auf diesen beiden und den folgenden Seiten dokumentiert: die Familien Markus, Kleinschmidt und Fähnrich.

Markushistorie

Familie 1 ist die des Hermann Markus, einer der Männer, die 1957 die Annenkapellenglocke nach Brakel brachten.

Markus (geboren 1924) erzählt von seinen sehr präzisen Kindheitserinnerungen an die Annentagsbasen, die damals noch mit Kutschen aus den umliegenden Dörfern angereist seien. „Je mehr Annentagsbasen wir im Hause hatten, um so mehr Annentagsgeld sprang für mich heraus. Die Spenden lagen jeweils so zwischen drei Groschen und fünf Groschen. Und mit zehn Groschen war man schon ein Krösus. Denn eine Karussellfahrt kostete damals nicht einmal einen Groschen und auch die Fischbrötchen kaum mehr. Und gerade die aß ich so gerne."

Und er weiß auch noch, daß ihn in den 30er Jahren einmal ein billiger Jakob, ihn, den kleinen Hermann, ausgerechnet ihn, auf seinen Verkaufswagen setzte, seine Litanei vorbetete und bei jeder Anpreisung seines schier unendlichen Vorrats an Süßkram, ihm, dem kleinen Hermann Markus, quasi als Testperson „ein Stückchen Schokolade nach dem anderen, alles echt, nichts aus Pappe" in den Mund steckte, „bis ich nicht mehr könnte und die ganze Schokolade über mein weißes Hemd lief". Was nicht so schön war: „Weinend rettete ich mich nach Hause."

Und wie man damals „in das Zelt der Tempeltänzerin Asra aus Ägypten gepilgert" sei. „Offene Augen und Münder" haben alle gehabt, da die Wundertänzerin, die Althergebrachtes aus der Zeit des Kaisers Nero gezeigt habe, „ohne eine Note ihre Tänze vorführte". (Ohne Note heißt ohne Musik, wegen Hindenburgs Tod.) Seliges Annentagsgestern...

Und heute? Die Schwerpunkte haben sich verlagert. Statt Asra kommt die Base. Schokolade wurde zu Rinderbraten mit Salzkartoffeln. Aber lassen wir Hermann Markus selbst zu Wort kommen, was sich in seinem Hause Klosterstraße 12, wo er selbst geboren wurde und schon sein Großvater lebte, im August des Jahres 1991 ereignete:

Annentagseisenbahnfahrt

„Am Freitag vor dem Annentag kommen mein Bruder Ferdinand aus Bielefeld und meine Schwester Luzie aus Detmold in Brakel an. Sie werden von mir und meinen Enkelkindern Christina (3 Jahre) und Thomas (14 Jahre) abgeholt. Mein Bruder war Studiendirektor für Latein und Geschichte, und seine große Leidenschaft ist das Eisenbahnfahren. Er hat nie ein Autosteuer in die Hand genommen. Unsere Luzie ist sehr musisch begabt, und sie hat viel gesungen und gedichtet."

Annentagsnamensvielfalt

„Unser ‚Lieschen' – meine Frau – begrüßt unsere Luzie – ihre Schwägerin – in der Klosterstraße 12. Meine Frau hat übrigens viele Namen, angefangen von Liese über Elisabeth bis hin zu Lieschen."

Annentagsmorgentoilettenmelodie

„Seit 50 Jahren spielt mein Bruder
Ferdinand am Annentagssonntagmorgen
auf seinem Tenorhorn das Lied ‚Mutter
Anna, Dir sei Preis…‘ Auf diesem Bilde
spielt er das Lied seiner Schwester Luzie
nach der Morgentoilette vor. Vorsorglich
öffnet er alle Türen im Haus, damit auch
jeder merkt, daß es gleich zur Prozession geht."

Annentagsschinkenfrühstück

„Das sind Bilder vom Frühstück am
Annentagssonntag vor der Prozession.
Vorher hatte uns mein Bruder Ferdi mit
seinem Tenorhorn geweckt und zum
Frühstückstisch gerufen. Ein Annentags-
frühstück muß besonders reichhaltig
sein! Man hat ja einen langen Marsch
vor sich. Zum Frühstück gehören diverse
Marmeladen, Schinken, Toast und so
weiter. Ich weiß nicht mehr genau,
welchen Witz ich da erzählt habe, aber
meine Schwester Luzie lacht sich offen-
sichtlich gesund. Wahrscheinlich habe
ich von alten Zeiten erzählt. Mein Enkel
Thomas hört sehr gespannt zu und
grinst auch über beide Backen."

Annentagsweltkriegserinnerungen

„Unser Bernhard aus Hembsen, ein kleines Dorf in der Nähe von Brakel, darf natürlich beim Annentag nicht fehlen. Er ist mein Schwiegervater und 93 Jahre alt. Ferdinand war beamteter Lokführer. Auf den Bildern wird er von meiner Frau in den Garten geleitet und dort von seiner Enkelin Maria begrüßt. Bernhard war immer ein aufrechter Mann, der in seinem Leben nur die Pflicht kannte: Aus dem 1. Weltkrieg brachte er als 18jähriger das EK I und EK II mit nach Hause."

Annentagslangzeitgedächtnis

„Es dürfte klar sein, daß die älteren Annentagsbasen nicht mehr so gern auf den Jahrmarkt gehen und sich in den Trubel hineinwagen. Obwohl man in Brakel in der hiesigen Volkssprache eigentlich sagt: ‚Übers Markt gehen'. Die Älteren ziehen es vor, zu Hause bei einer Tasse Kaffee auf die Jugend zu warten. Mein Schwiegervater, der Bernhard, erzählt immer wieder die eine Geschichte, die sich wahrscheinlich kurz nach 1900 abgespielt hat. Er lebte damals in Bruchhausen, etwa zehn Kilometer von Brakel entfernt. Zum Annentagssonntag erhielt er fünf Groschen und mußte von Bruchhausen nach Brakel laufen. Dort drehte er mehrfach an einem Glücksrad, um zu mehr Geld oder Geschenken zu kommen, aber er hatte Pech, gewann nichts und mußte schnurstracks ohne einen Pfennig die zehn Kilometer zurücklaufen – ein gutes Beispiel für das Langzeitgedächtnis."

Annentagsgedichterinnerung

„Die Prozession war wieder mal sehr schön. Erschöpft habe ich mich im Wohnzimmer in den Sessel sinken lassen. Der Tisch ist schon für das Mittagessen vorbereitet. Wahrscheinlich denke ich gerade daran, daß gleich unsere Gäste kommen werden. Dabei fällt mir das Gedicht meiner alten Brakeler Lehrerin ein – Fräulein Klahold, genannt Therese Treu –, die in einem Annentagsgedicht mit dem Titel *‚Abend ist es vor dem Feste‘* die Zeilen dichtete: ‚…*und die Gäste, die da kommen, werden froh hineingeleitet‘*.

Unser Wohnzimmer haben wir uns kurz nach unserer Heirat, Anfang der 50er Jahre, eingerichtet. Das Sonnenblumenbild stammt nicht von van Gogh, sondern wurde während des letzten Krieges von einer Nonne des Klosters Brede hier in Brakel gemalt. Wahrscheinlich war es ein Tauschgeschäft mit meinem Vater, der damals einen Sattler- und Polsterbetrieb hatte.“

Annentagsgerichtserinnerung

„Das diesjährige Annentagsmenü: Sehr wichtig ist zunächst die Suppe, Rindfleischsuppe mit Markklößchen und Eierstich. Man war hochzufrieden.

Es folgte das Hauptgericht: ein Rindsbraten, eine Gemüseplatte (Erbsen, Möhren, Spargel, Blumenkohl), frische Salate (Bohnensalat, Selleriesalat) und Salzkartoffeln natürlich.

Da man an Suppen und Soßen die Hausfrau erkennt, möchte ich noch etwas zur Soßenspezialität meiner Frau sagen: Natürlich ein Geheimrezept, sie wird aus dem Bratensud und Rotwein gewonnen. Es kommt noch saure Sahne dazu. Mehr will ich nicht verraten. Aber der große Abschmecker bin ich dann selbst.

Als Nachtisch gab es Zitronencreme und Eis.

Am Annentagssonntag haben wir immer gut gegessen. Auch in schlechten Zeiten wurde den Gästen nur das Beste geboten. Es gehört auch heute noch, am Ende des Essens, ein Gläschen Wein dazu. 1991 war es ein Deidesheimer Hofstück, Kabinett.

Ich weiß gar nicht, warum ich das alles erzähle. Uns liegt es nicht, daß wir uns so aus dem Fenster heraushängen. Hoffentlich werden die Mitbürger nicht böse sein."

Annentagsnachwuchs

„Großtante Luzie, Großonkel Ferdi und
meine jüngste Tochter Petra mit unserem jüngsten Enkelkind Alexander
(8 Monate). Wie man sieht, ist der
Annentagsnachwuchs auch schon da."

Annentagseinmaligkeit

„Das Tenorhorn auf einem unserer Sessel. Unten ist die Musik im Anmarsch –
das Tenorhorn unter dem Arm meines
Bruders Ferdi. Daneben bin ich, mit
dem Gebetbuch in der Hand. Aufgenommen sicher auf dem Weg zur Kirche
in der Henzengasse. Daneben ist die
Musik in Aktion: mein Bruder Ferdi mit-
ten in der Brakeler Blaskapelle. Mein
Bruder ist ein musikalisches Talent. Er
spielt in Brakel nur einmal im Jahr mit,
und zwar eben am Annentag."

Die Großschmidts

Kleinschmidts werden annentags schnell zu Großschmidts, und es ist schon eher ein Annensippentreffen, wenn sich die vielköpfige Schmidtschar vom *3jährigen Kleinstschmidt* Erik Mathias bis zum Honoratiorenschmidt, dem 77jährigen angeheirateten Onkel Werner, über die Schmidts-Sahnetorten hermacht. Eine formvollendete Begrüßung durch Familienoberschmidts' Udo, ein Kreissparkassenangestellter aus der Kreditabteilung, gehört ebenso dazu wie der Kaffeezirkel der Schmidttanten und die videoverewigten Nachwuchsschmidtchen inmitten der Schmidtkarossen.

Familie Fähnrich

Würstchen und würzhackgefüllte Kotelets kredenzt Oberstudienrat und Kirchenvorstandsmitglied Johannes Fähnrich, dessen Gattin Bärbel die Schürze des Hausherrn „für den Annentag frisch gebügelt und extra gestärkt hat". Sie als Hausfrau empfindet das häusliche Wirken des Gatten als Fortschritt, da „früher im Elternhaus zum Annentag immer nur von den Frauen auf- und abgetischt wurde".

Fähnrichs haben 1991, passend zum ersten gesamtdeutschen Annentag seit fast einem halben Jahrhundert, sogar Verwandtschaft aus dem Beitrittsgebiet zu Gast. Die Fähnrichskusine ist beeindruckt, „daß hier so lange und so viel gesoffen wird". Ihre Tochter Stefanie (12) vermißt indes „so richtig interessante Typen". Sohn Daniel (16) findet das Annenfest „schrecklich langweilig". Er trinkt keinen Alkohol, anders als die meisten gleichaltrigen Brakeler. Der von ihm bevorzugte Apfelsaft erwies sich, wie er bald einsah, als denkbar ungeeignet zur Stimmungsmanipulation.

Individuum + Individuum + Individuum = Gruppe

Auch wenn wir im Zeitalter des Individualismus leben, mit Freunden und Kollegen schließt sich ein jeder gern zusammen, ob in der Freizeit oder im Beruf. Manchen gilt sogar, einem Sprichwort zufolge, auch heute noch das Gemeingefühl als die höchste Gewalt auf Erden. Aber: Könnte man irgendwo besser Individualist sein als dort, wo Gesinnungsgenossen die Besonderheit des einzelnen so richtig zu würdigen wissen, in der Gruppe also?

In der Gruppe musiziert es sich deutlich melodiöser und dynamischer, lassen sich Armeen besser in Hierarchien pressen, Fahrgeschäfte besser auf- und abbauen, läßt es sich in Stadtverwaltungen besser teamworken und als Kind erst so richtig mit Frechheit und Spiellust auftrumpfen. Dennoch haben auch Gemeinschaften ihre ganz individualistische Gruppendynamik.

Etwa der Brakeler Ableger des Lions-Clubs. Die Löwinnen nämlich, auf dem Bild rechts oben ausnahmsweise ihren Gatten kopfüber plaziert, sind ihren männlichen Pendants ansonsten nach alter Sitte untergeordnet. Man solle es, meinte ein rechtschaffender Löwe ganz im Sinne seiner mächtigen Raubtierkollegen, mit der Integration der Frauen bloß nicht zu weit treiben, bei geselligen Anlässen wie hier auf dem Annentagstreffen sei ihre Anwesenheit ja durchaus begrüßenswert (Suppe kochen, Sekt einschenken), ansonsten aber, zu ernsthafteren Treffen, bleibe der Lions-Löwe aus Echtadel, Geldadel, Juristik und Kaufmannschaft doch lieber ganz traditionell unter sich.

Der Annentag aber vermag auch im Lions-Club die kleinen Unterschiede aufzuheben. Ob Löwe oder Löwin: Allen gleich lieb ist der Gang zu ganz profanen Würstchenbuden und Fahrgeschäften, zudem gelte es, sagt eine Löwenmutter, die Nachwuchslöwen und -löwinnen in das Rummelplatzwesen familiär einzuführen. Daß das Vermischen mit dem gemeinen Volke einen gewissen temporären Niveauverlust mit sich bringe, wird auf Nachfrage nachgerade entrüstet zurückgewiesen.

Ganz anders sieht sich die Geschlechter-
frage in einer Brakeler Freizeit-Fußball-
elf gehandhabt, die vom Schweiß des
Aschengeläufs zusammengeschweißt
wird. Die gemischte Hobbymannschaft
(Bild rechts unten) kommt zu elft zurecht,
wohingegen sich die erste Mannschaft
der Spielvereinigung Brakel (Bild oben)
dem Fotografen gleich in doppelter
Stärke präsentierte und dennoch eine
0:5-Niederlage am glcichcn Tage nicht
verhindern konnte.

Schaustellerleben

Reisendes Volk nennen sie sich bisweilen selbst. Gern bitten sie darum, keine Fotos zu machen, denn, so die beliebte Koketterie, man werde doch von der Polizei gesucht. „Ihr da draußen, die Privatleute" sagen sie manchmal zu uns Normalbürgern, 10jährige heißen Karl-Heinz oder Franz und reden die Mutter mit „Ey, Puppe" an. Rauh geht es zu, Kasernenhofton bisweilen untereinander, auch zu den jungen mitreisenden Männern, die sich manchmal im eigenen Kleinstwohnwagen für Kost und Logis sowie ein paar hundert Mark bar im Monat plus Sozialversicherung die Hände schwielig malochen und den Benz des Chefs pieksauber feudeln und wedeln. Ein Fahrgeschäftsmann erklärt, er habe es auch schon mit normalem Gehalt versucht, „aber die kommen mit dem Essen nicht zurecht, hauen immer nur alles aufn Kopp und ham am 10. spätestens keine Kohle mehr".

Kaum zufriedenstellend lösbar ist das Schulproblem der reisenden Kinder. Jede Woche woanders, das heißt entweder teures Schaustellerinternat oder Pflegeeltern über das Jugendamt des Heimatortes. Oder Regelfall eben: jede Woche eine andere Schule, als Gäste in immer neuen Klassen. Manchmal, erzählen die Kids vom „Biene Maja"-Karussell, treffe man überall immer wieder alte Freunde, oder es gibt ganz besondere Erfolgserlebnisse: „Manchmal sind die noch bei ‚Plus', und wir hatten schon ‚Malnehmen'." Häufiger, sagt Mutter Petra, sei es andersherum.

Frühstück in der Schausteller-Wagenburg am Brakeler Löschteich, mit Schmalzbrötchen, selbstgemachten Marmeladen, haufenweise Pfefferonischoten, Kaffee aus Jumbo-Tassen und reichlich Zigaretten: Bei den Sperlichs gibt es in Brakel jedes Jahr auch eine Art Annentagstreff. Vier Familien treffen sich hier regelmäßig, drei schaffen in der Waffelbranche, und eine ist „als Fremdgänger mit Pfeilewerfen" dabei: Oma, Opa, vier Ehepaare, ein knappes Dutzend Kinder. Alle sind seit Generationen Schausteller oder Zirkusleute, und die Marionettenspielerahnen aus dem 18. Jahrhundert sind bis heute eine Verpflichtung. Ein Paar sei in Brakel getraut worden, erzählen sie, und drei der Kin-

regional passiert." Von besonderem Interesse ist heute der „rosa Riese" aus den USA, ein „vierfacher Lustmörder". Die Todesstrafe ist Konsens bei den Sperlichs; „bei so Bestien", wenn so einer Vater werde, klagt der Vater, „was da für neue Mörder oder Kinderschänder rauskommen". Aber die Lektüre hat auch ihren humoristischen Aspekt: Ein anderer überregionaler Killer, von dem man kürzlich gelesen habe, habe nur Männer umgebracht und verspeist. „Also", erklärt Vater Sperlich der großen familiären Annentagsrunde, „sind Frauen doch ungenießbar." Auch die Frauen lachen bei Schaustellers gerne über solche Scherze.

der seien am Annentag in Brakel getauft worden. „Wenn wir alle zusammen sind", sagt Oma Lydia, „sind wir fast ein kleines Dorf."

Auf Carmen, knapp 1, sind die Eltern besonders stolz. Sie trägt schon goldblinkende Ohrringe, und der Vater weiß zu berichten, sie habe „die Schönheit von mir geerbt", während die Mama „die Schönheit noch hat". Die Themen der Sperlichs sind berufsspezifisch, etwa daß es wegen der neuen großen Nachfrage im Osten Lieferschwierigkeiten mit den Waffeln gebe. Daß die Nachbarn in ihrem Wohnwagen eine neue, derart protzige Klimaanlage haben, daß die Cola-Dosen auf dem Tisch festfrören, und daß man solcherlei Angeber daran erkenne, daß sie nun alle immer Schnupfen hätten.

„Wir als reisendes Volk lesen nur ‚Bild'", sagt blätternd der Vater Sperlich, „weil es uns doch interessiert, was über-

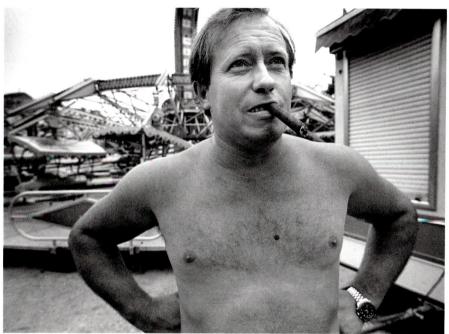

Kehrseite

Die Lobpreisung der Anna hat ein Ende.
Die Arbeit aber vorerst noch nicht. Brakel muß wieder schmuck werden, Fett-
spritzer sind schier überall, Schmieren
und Schlieren und Schmutz und Mod-
der wird der Kampf angesagt. Man reinigt, besser gesagt: Frau reinigt und
schrubbt und feudelt. Auch Männer
kümmern sich um die Vernichtung der
Reste und Übrigbleibsel, manche allerdings auf ihre Weise, oder sie ruhen –
total groggy von der Knochenarbeit
beim Abbau – neuer Maloche entgegen.
Denn für die Schausteller ist das Ende
eines jeden Jahrmarktes schon wieder
der Anfang eines neuen – auch ohne
irgendeine Anna.

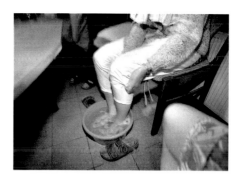

Das Riesenrad ist gondellos, der Müll
liegt grenzenlos, und die Schankkräfte
in der Wirtsstube „Zur Meierei" legen
mit der Waschung los. Chefin Gisela
Elbracht-Hülseweh massiert – angeblich
reicht die Kraft dann bis zur nächsten
Annensaison. Darüber hinaus werden
die Mitarbeiter an Zapfhahn und Tablett
visuell motiviert – ein Balken trägt die
Aufschrift „Arbeite und sei nicht faul /
Gebratene Taub' fliegt nicht ins Maul".

Zur nächsten Annensaison wird es am Brakeler Markt wohl wieder eine Alten-Wohngemeinschaft geben. Lisabeth Witte (71) wohnt eigentlich neben einem der Festzelte, und da es dort immer so grauselig laut ist, nächtigt sie während des Kirmestrubels, sozusagen als Nachbarschaftsbase, bei ihrer Freundin Margret Kleibrink (65) schräg gegenüber dem Rathaus. Und dort sitzt Margret Kleibrink wieder, wie hier mit ihrem Enkel, im Jahrhundertwende-Erker und erfreut sich von ihrer Loge aus am sausenden Kettenkarussell: stundenlang, oft in Gedanken verloren, manchmal halbe Abende. 1991 waren immer wieder einzelne Gesichter, manchmal nur schwache Silhouetten oder Schatten in der Erkerloge zu sehen, regungslos, während unten die Karussellgäste im Kreis sausten, Runde um Runde.

„Annentag", sagt Margret Kleibrink, „gehört einfach zu unserem Leben."

In den Wochen danach

*tabu bedankt sich bei Frau Marlies Koch
für die strategische Vorbereitung, bei
Herrn Winfried Gawandtka für die
„Kampfausrüstung", bei Herrn Dieter
Mus für die Stadtführung, bei Herrn
Hans Rissing für das Einschleusen in
kirchliche Zirkel, bei Herrn Diethelm
Gieffers für das viele Freibier, bei Herrn
Fritz Hoffmeister für die sachverstän-
dige Erläuterung auf dem Fickelmarkt,
bei Herrn Dr. Herbert Engemann für das
Türenöffnen bei den Annentagsfamilien,
bei den fleißigen Trägern Stefan Künneke
und Ralf Frischemeier und schließlich bei
Herrn Dieter Eller für die Kopfschmerzen... Und noch eins sei hinzugefügt:
Die Brakeler Bevölkerung hat sich selbst
übertroffen. tabu wurde überall mit offe-
nen Armen aufgenommen. Die Reportage war eine leichte Arbeit. tabu wird
immer wieder zum Annentag kommen,
allerdings ohne Kamera und Bleistift.
Versprochen ist versprochen.*

Materialien zum Annentag

Inventar des Stadtarchivs Brakel, Band 7 der Westfälischen Quellen und Archiv-verzeichnisse, Münster 1982, mit den Fundstellen:

Bestand A, Urkunden, Urk. 367a
(St. Anna)
Bestand A, Urkunden, Urk. 391
(am Annentage)
Bestand A, 15. Jh. – 1815, A 1, lfd. Nr. 28a
(am Annentag)
Bestand A, 19. Jh., A 26 (Aufzeichnungen
zur Brakeler Kirchengeschichte)
Bestand A, 1508–1806, A 1042 (Annen-prozession)
Bestand A, 1503, A 1048 (Annenbruder-schaft)
Bestand B, 1833–1893, B 219 (St. Annen-Kapelle)
Bestand B, 1805–1824, B 422 (Annen-felde)

Konrad Hengsbach: Zur Geschichte der
Verehrung der hl. Anna in Brakel. In:
Westfäl. Anzeiger 1919 Nr. 83–95.

P. Ruprecht Ewald: Geschichte der Stadt
Brakel, mit einer Wanderung durch das
Amt Brakel. Dort: Die Geschichte der
St. Annen-Kapelle bei Brakel, Seite 91 ff.,
Brakel 1925.

Friedrich Schröder: Zur geschichtlichen
Entwicklung des St. Annenkultes in
Brakel. In: Heimatborn (Beil. zum
Westfäl. Volksblatt) 16. 1936 S. 27 und
29 f.

Josef Junker: Annentag in Brakel. In:
Die Warte 13. 1952 S. 106 f.

Maria Wellning: Der Brakeler Annentag.
Volksfest im Nethegau. In: Die Warte 26.
1965 S. 139 f.

Dr. Herbert Engemann, Zur Geschichte
des Brakeler Annentages, Annentag und
Annenverehrung in Brakel, In: Brakeler
Schriftreihe, Heft Nr. 5, April 1989.

FSB-Edition

In der FSB Edition sind bisher die
folgenden Bücher erschienen:

Greifen und Griffe
Otl Aicher, Robert Kuhn
Köln: Verlag der Buchhandlung
Walther König, 1987
ISBN 3-88375-061-1

Türklinken, Workshop in Brakel
Otl Aicher, Jürgen W. Braun,
Siegfried Gronert (Texte),
Timm Rautert (Fotos)
Köln: Verlag der Buchhandlung
Walther König, 1987
ISBN 3-88375-072-7

Johannes Potente, Brakel –
Design der 50er Jahre
Otl Aicher, Jürgen W. Braun,
Siegfried Gronert, Robert Kuhn,
Dieter Rams, Rudolf Schönwandt
Köln: Verlag der Buchhandlung
Walther König, 1989
ISBN 3-88375-090-5

Zugänge – Ausgänge, Gedichte
von Peter Maiwald sowie Textbeiträge
von Jürgen W. Braun und Marcel
Reich-Ranicki
Köln: Verlag der Buchhandlung
Walther König, 1989
ISBN 3-88375-107-3

Zugänge – Ausgänge,
Fotos von Timm Rautert sowie Text-
beiträge von Otl Aicher, Jürgen Becker,
Wolfgang Pehnt
Köln: Verlag der Buchhandlung
Walther König, 1990
ISBN 3-88375-127-1

Türdrücker der Moderne, eine Design-
geschichte von Siegfried Gronert
Köln: Verlag der Buchhandlung
Walther König, 1991
ISBN 3-88375-136-7